H. Norman Wright & Wes Roberts

Ehe ihr euch traut

Ein Ehe-Vorbereitungsku

H. Norman Wright · Wes Roberts

Ehe ihr euch traut

ein Ehevorbereitungskurs

GerthMedien

Der Verlag weist ausdrücklich darauf hin, dass im Text enthaltene externe Links vom Verlag nur bis zum Zeitpunkt der Buchveröffentlichung eingesehen werden konnten. Auf spätere Veränderungen hat der Verlag keinerlei Einfluss. Eine Haftung des Verlags ist daher ausgeschlossen.

MIX
Papier aus verantwortungsvollen Quellen
FSC® C111898

Verlagsgruppe Random House FSC®N001967
Das für dieses Buch verwendete Papier ist FSC®-zertifiziert.

Das amerikanische Original erschien unter dem Titel
Before You Say „I do"
im Verlag HARVEST HOUSE PUBLISHERS
Eugene, Oregon 97402,

Aus dem Amerikanischen übersetzt von Marion Achenbach

8. Auflage 2016
Bestell-Nr. 816901
ISBN 978-3-86591-901-4

Umschlaggestaltung: Hanni Plato
Foto: zefa
Satz: Die Feder GmbH, Wetzlar
Druck & Verarbeitung:
Schmidt printmedien GmbH, Ginsheim-Gustavsburg
Printed in Germany

www.gerth.de

Inhaltsverzeichnis

Kapitel 1

Was ist Ehe?

Wahrscheinlich befindest du dich gerade am Anfang von einem der wichtigsten Abschnitte in deinem Leben – der Ehe. Die Ehe bietet einzigartige und spannende Möglichkeiten. Ein großer Optimist hat das folgendermaßen ausgedrückt: „Die Ehe ist das einzige Glücksspiel, bei dem beide Spieler gewinnen oder verlieren können!"

Dieses Buch wurde geschrieben, um euch dabei zu helfen, einige Risiken der Ehe schon im Vorfeld aus dem Weg zu räumen. Wir hoffen, dass bei der Durcharbeitung der folgenden Kapitel die jetzige Beziehung zwischen deinem Partner und dir gestärkt und bereichert wird. Wir hoffen, dass ihr einen Vorgeschmack davon bekommt, wie eine bereichernde, erfüllende und gedeihende Ehe aussehen kann. Gleichzeitig ist unsere Hoffnung, dass du dich selbst, deinen Partner und eure Beziehung realistischer sehen kannst.

1. Definiere das Wort „Ehe". Was ist ihr Zweck?

2. Glaubst du, dass es sich bei der Ehe um einen Vertrag handelt? Warum, oder warum nicht?

3. Wie würde dein Partner deiner Meinung nach diese Fragen beantworten?

4. Lies die folgenden Zitate. Sag dann, welchen du zustimmen kannst und welchen nicht.

„Die Ehe ist wie eine Schere, deren Teile so miteinander verbunden sind, dass sie nicht mehr getrennt werden können. Sie bewegen sich oft in entgegengesetzte Richtungen und bestrafen doch jeden, der sich zwischen sie stellt.“[1]

„Ist die Ehe eine private Handlung zweier Personen, die ineinander verliebt sind, oder ist sie ein öffentlicher Akt zwischen zwei Personen, die einen Vertrag miteinander schließen? Weder das eine noch das andere ist zutreffend. Es geht um etwas anderes. Etwas völlig anderes! Grundsätzlich besteht die christliche Sicht von der Ehe nicht darin, dass es sich dabei in erster Linie oder überwiegend um einen bindenden rechtlichen oder gesellschaftlichen Vertrag handelt. Der Christ versteht die Ehe als einen Bund, der vor Gott und in Gegenwart anderer Mitglieder der christlichen Familie geschlossen wird. Ein solches Versprechen hat Bestand, und das nicht, weil das Gesetz eine solche Macht hat oder aus Angst vor gerichtlichen Schritten, sondern weil ein bedingungsloser Bund geschlossen wurde. Ein Bund, der feierlicher, bindender und dauerhafter ist als jeder andere rechtliche Vertrag.“[2]

„Ein System, durch das zwei sündhafte und gegensätzliche Menschen derart von einem Traum und von einem sie selbst übersteigenden Ziel erfasst sind, dass sie trotz immer wiederkehrender Enttäuschungen jahrelang an der Verwirklichung dieses Traumes arbeiten.“[3]

„... Die Ehe ist eine Beziehung zwischen Mann und Frau. Sie ist nach Gottes Absicht eine monogame Beziehung, gedacht als dauerhafte Bindung, in der eine Menge Bedürfnisse gestillt werden – das Bedürfnis zu lieben und geliebt zu werden, das Bedürfnis nach tiefer Freundschaft, nach Austausch, nach Gesellschaft, nach sexueller Befriedigung, nach Kindern, das Bedürfnis, der Einsamkeit zu entkommen. Die Ehe sollte ein Band der Liebe sein, die Jesu Liebe zu den Menschen reflektiert, ein Band der aufopfernden Liebe, in der Mann und Frau eins geworden sind; ein Fleisch, eine Einheit.“[4]

Lies 1. Mose 2,18–25.

1. Wer hat die Institution Ehe erfunden?

2. Was ist der Sinn der Ehe, und warum wurde sie erfunden? (Siehe 1. Mose 1,28; 2,18; Epheser 5,22–32.)

(1)

(2)

(3)

(4)

3. Warum ist die Ehe eine gute Sache? (1. Mose 2,18; Hebräer 13,4)

4. Was ist deiner Meinung nach eine „Hilfe“ oder auch „Gehilfin“, wie es in der Bibelübersetzung nach Luther ausgedrückt wird? Was versteht dein Partner darunter?

5. Was bedeutet es, Mutter und Vater zu verlassen?

6. Was bedeuten die Worte „seiner Frau anhängen“ oder „eins sein“?

7. Welche Bedeutung haben die Worte „ein Fleisch sein“ für dich?

8. Nenne sechs Beispiele, wie ihr das Prinzip des „Einsseins“ in eurer Ehe fördern und erhalten könntet.

(1)

(2)

(3)

(4)

(5)

(6)

9. Nennt drei der wichtigsten Bibelstellen, auf die ihr eure Ehe gründen möchtet. (Bitte nimm andere Stellen als Epheser 5,21–33,1. Korinther 13 und 1. Petrus 3,1–7. Diese sind zwar wichtig, aber überlege dir noch andere bedeutende Bibelstellen, die dir helfen werden, die Art von Beziehung aufzubauen, nach der du suchst.)

(1)

(2)

(3)

Hier ist eine weitere Definition von Ehe, über die du einmal nachdenken könntest:

„Die eheliche Beziehung ist eine Schule, ein Umfeld des Lernens und Entfaltens, in dem – wenn alles so ist, wie es sein sollte – beide Partner wachsen und reifen können. Die Beziehung wächst mit ihnen mit. Wenn die Ehe für dich eine Chance zum Wachstum ist, kannst du selbst Erfüllung darin finden und auch dafür sorgen, dass dein Partner zufrieden gestellt wird.“

Dr. David Hubbard hat die eheliche Beziehung sehr treffend beschrieben, als er sagte: *„In der Ehe wird nicht Perfektionismus gefordert. Man muss ihr jedoch Priorität einräumen. Sie ist eine Institution für Sünder. Kein anderer sollte sich um sie bemühen. Und doch findet sie ihre höchste Erfüllung, wenn ein Sünder sie als einen Weg betrachtet, auf dem Gott uns durch seine Schule der Liebe und Gerechtigkeit führt und leitet.“*[5]

Hast du den Sinn der Ehe jemals in diesem Licht betrachtet?
Hier ist noch eine weitere Definition von Ehe. Denke sorgfältig darüber nach, und besprich dann mit deinem Partner, was du dabei empfindest.

„Die christliche Ehe ist eine absolute Verpflichtung zweier Menschen gegenüber der Person Jesus Christus und gegenüber dem Partner. Sie ist eine Verpflichtung, bei der nichts zurückgehalten wird. Die Ehe ist ein Versprechen gegenseitiger Treue; sie ist eine Partnerschaft, in der sich einer dem anderen unterordnet. Die christliche Ehe ist wie eine gefundene Lösung, eine Befreiung von Mann und Frau, sie selbst zu sein und genau so zu werden, wie Gott sie gemeint hat. Die Ehe ist ein Reinigungsprozess, den Gott gebraucht, damit wir als Mann oder Frau so werden können, wie er uns haben möchte. Denke darüber nach. Gott wird deine Ehe für seine Ziele gebrauchen. Er wird dich reinigen und gestalten zu deinem Nutzen und zu seiner Ehre."

Vielleicht warst du bisher der Auffassung, dass es zwei Personen sind, die an deiner Heirat beteiligt sind. Das ist richtig, aber es gibt noch eine dritte Person, die deinem persönlichen Leben und deiner Ehe einen noch größeren Sinn geben kann – diese Person ist Jesus Christus. Wo liegt der Unterschied in deiner Ehe, wenn du Jesus Christus in deinem Leben hast?

Lies Matthäus 7,24–27. Dieser Abschnitt handelt von dem Bau des Hauses auf einem stabilen Fundament. Nenne zehn stabile Fundamente, von denen du glaubst, dass sie deine Ehe zu einer festen Beziehung werden lassen.

1.

2.

3.

4.

5.

6.

7.

8.

9.

10.

Gründe für die Ehe

Es gibt viele Gründe und motivierende Faktoren, warum man heiraten möchte. Welches sind deine? Hast du schon einmal darüber nachgedacht? Bearbeite die folgenden Fragen und besprich deine Antworten mit deinem Partner.

1. Was gibt dir die Ehe, was du als Single nicht bekommen würdest?

2. Notiere auf einem Blatt Papier die Gründe, warum du deinen Partner heiratest. Gib dann die Gründe an, warum du glaubst, dass dein Partner dich heiratet. Besprecht anschließend eure Ergebnisse.

Vergleicht nun die Gründe für eure Ehe mit der nachfolgenden Liste. Sie wurde von verschiedenen Spezialisten für Ehe- und Familienthemen zusammengestellt. Es handelt sich hierbei um schlechte Gründe für eine Ehe! Solltest du einen von ihnen auf deiner Liste oder auch in deinen Gedanken wiederfinden, wäre es gut, wenn du sie mit deinem Partner und mit deinem Pastor besprichst.

1. Du willst es deinen Eltern heimzahlen oder sie verärgern.
2. Du leidest an Minderwertigkeitsgefühlen. Eine Heirat soll dir das Gefühl geben, wertvoller zu sein, und wird dein Leben sinnvoller machen.
3. Du willst deinem Partner Therapeut oder Seelsorger sein.
4. Du hast Angst, leer auszugehen! Torschlusspanik!
5. Du hast Angst davor, auf eigenen Füßen stehen zu müssen.
6. Heirat aus Enttäuschung. Du bist in einer früheren Beziehung verletzt worden und willst dich jetzt sofort in eine neue stürzen, um mit dem Schmerz besser fertig zu werden.
7. Du willst den anderen nicht verletzen. Du hast Angst davor, was mit deinem Partner geschehen wird, wenn du die Beziehung abbrichst. Trotzdem weißt du, dass eine Ehe nicht der richtige Schritt ist.
8. Du willst einem unglücklichen Zuhause entfliehen.
9. Ihr habt miteinander geschlafen.
10. Eine Schwangerschaft scheint euch zur Heirat zu drängen.

Einige gute Gründe für eine Eheschließung sind folgende:

1. Weil ihr tiefe Freundschaft füreinander empfindet.
2. Weil ihr zusammen leben wollt und weil du deine eigenen Bedürfnisse und die deines Partners erfüllen willst.
3. Um sexuelle Bedürfnisse auf die Art und Weise zu befriedigen, wie Gott es geplant hat.
4. Aus Liebe (eine ausgewogene Mischung der verschiedenen Formen der Liebe, wie sie in Kapitel 3 beschrieben werden).
5. Weil du überzeugt bist, dass eine Ehe zwischen euch Gottes Wille ist.

Beurteile deine „Ehefähigkeit“, indem du dir deine Persönlichkeitsmerkmale und die deines Partners anschaust. Zähle acht Charakter- oder Persönlichkeitsmerkmale auf, die deiner Meinung nach für eine Ehe hilfreich sind.

1.

2.

3.

4.

5.

6.

7.

8.

Schlage Galater 5,22–23 in deiner Bibel auf, und lies die Aufzählung der „Früchte des Geistes“. Würde es die Chancen einer Ehe erhöhen, wenn eine Person diese Merkmale aufweist? Wenn das so ist, erkläre kurz, welche dieser Eigenschaften du selbst besitzt und mit welchen du noch Schwierigkeiten hast.

Gebrauche die Früchte des Geistes als Messlatte, um den möglichen Erfolg einer Ehe einzuschätzen. Berücksichtige dabei auch die folgenden acht Merkmale der Beziehungsfähigkeit, die die Chancen auf eine erfüllende und zufrieden stellende Ehe verbessern:

1. Anpassungsfähigkeit und Flexibilität – die Fähigkeit, sich zu verändern und umzustellen.
2. Einfühlungsvermögen – die Fähigkeit, sensibel gegenüber den Bedürfnissen, Verletzungen und Wünschen des anderen zu sein, mitzufühlen und die Welt aus ihrer/seiner Sicht zu erleben.
3. Die Fähigkeit, Probleme konstruktiv durchzuarbeiten.
4. Die Fähigkeit, Liebe zu geben und zu empfangen.
5. Emotionale Stabilität – die eigenen Emotionen akzeptieren und kontrollieren können.
6. Die Fähigkeit, sich zu artikulieren und zu kommunizieren.
7. Gemeinsamkeiten zwischen den beiden Partnern.
8. Ähnliche familiäre Hintergründe.

Wenn wir uns diese Liste anschauen, wäre eine natürliche Reaktion darauf: „Ja, das trifft auch auf uns zu. Genau das sind unsere Voraussetzungen." Bist du der Meinung, dass diese Merkmale in eurer Beziehung vorhanden sind? Dann nenne für jedes der ersten sechs Merkmale ein typisches Beispiel, wie das in den vergangenen zwei Wochen zum Ausdruck gekommen ist. Anschließend zähle für jedes der Merkmale 7 und 8 verschiedene Beispiele auf.

1.

2.

3.

4.

5.

6.

7.1

7.2

7.3

7.4

7.5

8.1

8.2

8.3

8.4

8.5

Kapitel 2

Einzigartigkeit und Akzeptanz in der Ehe

Dein Partner ist nicht du. Er oder sie ist anders und nach Gottes Bild geschaffen, nicht nach deinem eigenen Wunschtraum. Er hat ein Recht, anders zu sein und als andere Person behandelt und respektiert zu werden.

Unterschiede. Wie kannst du lernen, dich den ganz anderen Eigenschaften und Vorlieben deines Partners anzupassen, ohne dabei deine eigene Persönlichkeit zu verlieren? Wie kannst du lernen, dich an der Einzigartigkeit einer anderen Person zu erfreuen? Wie kannst du lernen, mit dieser Person zusammenzuleben, die doch so anders ist als du? Die Frage ist: „Wirst du letztendlich jemanden heiraten, der das Gegenteil von dir ist – oder jemand, der dir ähnlich ist?" Die Antwort ist: „Ja." Denn es ist immer beides! Es wird sowohl Ähnlichkeiten geben als auch Unterschiede, und du musst lernen, beide zu akzeptieren. Denk einmal über folgenden Abschnitt nach:

„Wir heiraten, weil wir uns so ähnlich sind. Wir bleiben zusammen, weil wir so unterschiedlich sind. Ähnlichkeiten gefallen uns, Unterschiede ziehen uns an. Unterschiede sind nur selten die Ursache für Konflikte in unserer Ehe; die Probleme entstehen wegen unserer Ähnlichkeiten. Unterschiede sind der Anlass, Ähnlichkeiten sind die Ursache. Die Unterschiede dienen vielleicht als auslösendes Moment, als Gegenstand der Auseinandersetzung, aber unsere Ähnlichkeiten bilden den Konflikt zwischen uns.

Genau die Unterschiede, die uns anfänglich angezogen hatten, stoßen uns später ab und können nach einer gewissen Zeit wieder anziehend sein. Unterschiede wirken zuerst anziehend, dann werden sie lästig und sorgen für Enttäuschungen. Sie helfen uns, Probleme ans Licht zu bringen, und sie können uns schließlich wieder zusammenführen. Die Charaktereigenschaften, die in der anfänglichen Phase des Verliebtseins so faszinierend sind, amüsieren uns noch am Anfang der Ehe. Mit der Zeit bilden sie den Grundstock für Verärgerung und sind dann nach mehreren Jahren der Auslöser für Wutanfälle in Konfliktsituationen. Aber die persönliche Reife verändert allmählich deren Bedeutung, und die Einzigartigkeit der anderen Person wird wieder wert geschätzt, selbst mit all diesen Unterschieden, die der Hauptanlass für den ganzen Ärger waren.“[6]

Unterschiede zwischen Ehepartnern sind sehr vielfältig. Im allgemeinen können sie in zwei Arten unterteilt werden. Auf der einen Seite gibt es die Unterschiede, die nicht verändert werden können, wie beispielsweise das Alter, die Rasse, das Aussehen, das Elternhaus und der kulturelle Hintergrund. Dein persönlicher Stoffwechsel bestimmt, ob du es gern warm oder kühl hast, ob du morgens fröhlich aufwachst und erwartungsvoll dem Tag entgegensiehst oder ob du eine Stunde brauchst, bis du einigermaßen klar denken kannst. Diese Eigenschaften können nicht verändert werden.

Aber auf der anderen Seite stehen die Unterschiede, die verändert werden können. Dazu gehören Gewohnheiten im Badezimmer oder am Mittagstisch, der Tagesrhythmus oder die Frage, ob jemand dreimal in der Woche abends ausgehen möchte und der andere es vorzieht, zu Hause vor dem Fernseher zu sitzen.

Denk einmal über Folgendes nach:

„Wenn du heiraten willst, hast du höchstwahrscheinlich ein vorgefasstes Bild von deinem idealen Partner oder von der perfekten Ehe. Nach einer Weile wirst du dann feststellen, dass dieses Bild und die Person, die du geheiratet hast, immer mehr voneinander abweichen, je besser du ihn/sie kennen lernst. An diesem Punkt wirst du dir vielleicht vornehmen, das zu ändern und dabei vergessen, dass Gott allein in der Lage ist, Neues zu erschaffen. Du missdeutest die Worte, die bei deiner Hochzeit gesprochen wurden: ‚Und die zwei sollen eins sein …‘, und interpretierst sie so, dass dein Partner so werden sollte wie du und/oder wie das Bild, das du von ihm hast. Nach deiner Auffassung werdet ihr eins in der Persönlichkeit, in sämtlichen Vorlieben, Interessen, Hobbys, Vorstellungen, sogar in den Reaktionen und Gefühlen – nämlich in DEINEN! Doch Einheit in der Ehe bedeutet nicht Ähnlichkeit oder Übereinstimmung in Vorstellungen oder Gefühlen, sondern sie bedeutet die Einheit in der Verständigung. Jeder Versuch, unseren Partner so umzuformen, dass er in unser Bild passt, ist nackte Arroganz unsererseits und stellt eine Beleidigung des Partners dar. Es ist richtig, dass wir eine andere Person niemals umformen oder umgestalten können, aber wir können ihr doch ‚erlauben‘, sich zu verändern.“[7]

Die Anweisungen für ein vorbildliches Leben in Epheser 4,2 können auch auf unsere Beziehung in der Ehe angewandt werden: „Wandelt würdig der Berufung, mit der ihr berufen worden seid, mit aller Demut und Sanftmut (Selbstlosigkeit, Freundlichkeit, Güte), mit Geduld, einander in Liebe ertragend" (erläuterte Fassung). Sieh dir einmal den letzten Teil des Verses an: „einander in Liebe ertragend." Nenne sechs konkrete Beispiele, wie diese Aussage in eurer Ehe später angewandt werden könnte. Führe dir dabei eure Unterschiede vor Augen.

1.

2.

3.

4.

5.

6.

Vervollständige den nächsten Teil deines Arbeitsbuches.

Unterschiede in der Ehe als Chancen zum Wachstum und zur Vertiefung

ÄHNLICHKEITEN	UNTERSCHIEDE	AUSWIRKUNGEN
In welcher Beziehung sind mein Partner und ich uns ähnlich?	In welcher Beziehung unterscheiden sich mein Partner und ich?	Auf welche Weise können diese Unterschiede und Ähnlichkeiten euch gegenseitig in eurer Ehe ergänzen? Für welche dieser Unterschiede hast du Gott schon gedankt?

Ja – jeder, der heiratet, hat Charaktermerkmale, die denen des Partners ähnlich sind. Aber er oder sie hat auch viele Eigenschaften, die ganz anders sind. Unterschiedliche Arten der Wahrnehmung, des Denkens, Fühlens und Verhaltens sind ein Teil der ehelichen Normalität. Die Unterschiede sind wichtig, weil sie das Versprechen, die Bedürfnisse jeder einzelnen Person zu erfüllen, in Aussicht stellt.

Man sollte nicht vergessen, dass eines der Hauptmotive, eine Ehe einzugehen, das Bedürfnis ist, sich aufgrund dessen, was der andere zu bieten hat, komplett zu fühlen. Bewusst oder unbewusst sucht man sich eine Person, die einem hilft, das Gefühl der Ergänzung und Vollkommenheit zu erhalten. Auf der anderen Seite bildet diese natürliche Unterschiedlichkeit aber auch den Nährboden für Verletzungen und Störungen.

Warum? Die Antwort ist ziemlich einfach. Die Unterschiede bei unserem Partner stellen eine Bedrohung für uns dar. Wir haben Angst, dass wir unser Denken und unser Handeln dem anderen anpassen müssen. Vielleicht vertreten wir auch die Meinung: „Was anders ist, das ist auch falsch!" Viele Probleme entstehen, weil unterschiedliche Einstellungen und Meinungen in einer ehelichen Beziehung nicht toleriert werden. Wenn du heiratest, werden dir die Unterschiede zwischen euch ungefähr bewusst sein. Zu diesem Zeitpunkt behauptest du bestimmt noch nicht, dein Partner sei anders - eher „einzigartig". Aber nach einer Weile wirst du sagen, er/sie sei so anders. Anfangs wirst du vielleicht versuchen, entgegenkommend zu sein. Du tolerierst, übersiehst oder leugnest die Unterschiede, weil du Ärger vermeiden willst.

Möglicherweise wirst du dann versuchen, die Unterschiede aus dem Weg zu räumen, indem du gewisse Anforderungen stellst, Druck ausübst oder deinen Partner manipulierst.

Doch allmählich wirst du lernen, die Unterschiede zu schätzen, weil du merkst, dass sie notwendig und unentbehrlich sind. Und deshalb wirst du in der Lage sein, sie zu würdigen. Du freust dich an ihnen. Du begrüßt sie. Du trägst zu ihrer Förderung bei. Während du diesen Prozess durchmachst, wirst du merken, dass du nicht die falsche Person geheiratet hast.[8]

Denk einmal über Folgendes nach: „Inmitten der ehelichen Schwierigkeiten verschwindet die rosa Wolke, die uns in der anfänglichen Phase des Verliebtseins noch getragen hat. Die Verzweiflung über die Beziehung kommt wieder hoch, und alles wird noch einmal neu überprüft. Plötzlich deutet keiner mehr auf den anderen, sondern jeder sieht in sich selbst hinein und fragt sich: ‚Was habe ich meinem Partner angetan? Wo liegt mein Fehler? Was habe ich missverstanden? Was muss ich tun, um diese Ehe zu retten?'

Wer sich diese Fragen ehrlich stellt, der wird auch bald eine Antwort finden: ‚Ich habe meine Frau eigentlich wegen ihrer Andersartigkeit geheiratet. Es ist nicht meine Aufgabe, sie zu ändern, sondern diese Unterschiede zu entdecken und zu schätzen. Doch bevor ich das tun kann, muss ich meine Andersartigkeit akzeptieren. Ich brauche meine Frau wirklich, um meine Einzigartigkeit erkennen zu können. Meine Aufgabe ist es nicht, sie in eine wunderschöne Vase umzuformen, sondern mit ihr gemeinsam diese wunderschöne Vase zu entdecken, selbst wenn wir sie in mir entdecken. Wie arrogant von mir zu denken, dass ich ein anderes menschliches Wesen umgestalten könnte! Unsere Beziehung wird jeden von uns verändern. Dieser Prozess wird uns in eine Form verwandeln, die viel schöner ist, als wir es uns je vorstellen können.'"[9]

„Wir versuchen, andere so zu verändern, dass sie in unser Bild und in unsere Vorstellung passen, die wir von ihnen haben. Das tut Gott auch. Aber da hört die Ähnlichkeit auf. Unsere Vorstellungen, was eine andere Person tun oder wie sie handeln sollte, kann sowohl Verbesserung als auch Einengung bedeuten. Wir mögen die andere Person von Verhaltensmustern befreien, die sie in ihrer Entwicklung behindern. Vielleicht legen wir ihr aber auch einfach nur eine neue ‚Verhaltensfessel' an."[10]

In Wirklichkeit heiraten wir die richtige Person – sie passt besser zu uns, als wir uns das vorstellen können. Auf mysteriöse, intuitive, vielleicht auch auf instinktive Art und Weise werden wir sowohl von den Ähnlichkeiten als auch von den Unterschieden angezogen, von Bedürfnissen und Sorgen, von Träumen und Ängsten. Auf diese Weise finden wir unsere Ergänzung, unser Spiegelbild in einem anderen.

Wir heiraten immer die richtige Person, und wenn wir entdecken, wie wahr dieser Satz ist, führt uns das in die dritte Heirat innerhalb einer Ehe. Wir fangen schließlich an, das zu schätzen, was wir zuerst loswerden wollten.

Die Feststellung, dass wir damals intuitiv mehr wussten, als wir uns füreinander entschieden hatten, lässt plötzlich eine kleine Flamme der Dankbarkeit in uns aufflackern. In der Dankbarkeit entdecken wir, dass man sich in der Ehe gegenseitig spiegelt. Bei den meisten Ehepaaren, die sich ihren Partner selbst ausgewählt haben, gibt es eine bestimmte Stufe der Reife, in der Selbstverständnis und Selbstannahme übereinstimmen. Die beiden drücken ihr Selbstbild und ihren Selbstwert in der Person aus, die sie sich ausgesucht haben.

Zwei, die sich heiraten, vervollkommnen sich auf zwar rätselhafte, aber sehr ausgeprägte Art und Weise. Das Fehlende wird ergänzt, das Unausgeglichene wird ins Gleichgewicht gebracht, das Schwache wird bereichert durch die starke Seite des Gegenübers.[11]

Das Abenteuer der Ehe besteht darin zu entdecken, wer dein Partner wirklich ist. Das wirklich Spannende ist herauszufinden, wer dein Partner werden wird.

Fragen für ein Interview und zur Familiengeschichte

(Bearbeitet nach dem Buch „Finding Your Perfect Mate" (Wie finde ich den Partner fürs Leben?) von H. Norman Wright.

Nutze die folgenden Fragen, um so viel wie möglich über deinen Partner zu erfahren.

- Welche besonderen Erinnerungen hast du an deine Kindheit?
- Wie bist du mit deinem Vater und mit deiner Mutter ausgekommen? Wie waren sie? Was mochtest du an deinen Eltern, was mochtest du nicht?
- Wo hast du dich als Kind verletzt und enttäuscht gefühlt?
- Welches waren deine Hobbys und deine Lieblingsspiele?
- Welche Streiche hast du früher gespielt?
- Wie ist das für gewöhnlich ausgegangen?
- Was hat dir in der Schule besonders gefallen?

- Welche Haustiere hattest du? Was waren deine liebsten Haustiere und warum?
- Was wolltest du werden, wenn du groß bist?
- Hast du dich selbst gemocht als Kind? Erkläre, warum.
- Hast du dich als Teenager gemocht? Erkläre, warum.
- Was waren deine Talente und besonderen Fähigkeiten?
- Welche Preise und Auszeichnungen hast du gewonnen?
- Hattest du einen Spitznamen?
- Wer waren deine engsten Freunde? Wo sind sie heute?
- Beschreibe das Umfeld, in dem du aufgewachsen bist – die Leute, Nachbarschaft usw.
- Wie sah dein geistliches Leben als Kind aus? Wie als Heranwachsender?
- Wer in deiner Familie war Christ?
- Wovor hattest du Angst? Hast du heute noch dieselben Ängste?
- Wie bist du mit deinen Geschwistern ausgekommen? Wenn du keine hast, zu welchen deiner Verwandten hattest du das engste Verhältnis?
- Welchen Teil deiner Kindheit würdest du gerne noch einmal erleben? Warum?
- Was weißt du noch von deinem ersten Schultag?
- Hat dir die Schule Spaß gemacht? Warum oder warum nicht? Was war dein Lieblingsfach, und welches waren deine Lieblingslehrer?
- Mit wem bist du das erste Mal „richtig" ausgegangen?
- Wer war dein/e erste/r Freund/Freundin? Was hast du an ihm/ihr besonders gemocht oder nicht gemocht?
- Wohin seid ihr bei euren Verabredungen gegangen?
- Wie hast du dich gefühlt, wenn du jemanden mochtest und diese Person sich nicht für dich interessiert hat?
- Was ist in deinem Leben anders geworden, seit du erwachsen bist (über 18 Jahre)?
- Vergleiche dich selbst, wie du jetzt bist, mit dem, wie du mit 10 Jahren warst.
- Was waren deine größten Enttäuschungen? Wie bist du mit ihnen umgegangen? Was hast du aus ihnen gelernt?
- Wie alt warst du, als du dich zum ersten Mal verliebt hast?
- Warst du der/die Älteste oder der/die Jüngste von deinen Geschwistern?
- Hattet ihr früher genug Geld?
- Wer hat dich sexuell aufgeklärt? Wie sahen deine sexuellen Erfahrungen aus? Welches sind die Maßstäbe für dein Sexualleben in deinem Leben heute?
- Welche politischen Ansichten hast du?
- Was liest du gerne? Welche Sendungen siehst du gerne im Fernsehen?
- Hast du schon einmal ein Kind gehabt? Möchtest du Kinder?
- Was ist deine früheste Kindheitserinnerung?

- Beschreibe deine Ausbildung und deine Berufserfahrungen. Wie hast du dich gefühlt an deinem Arbeitsplatz, mit deinen Kollegen und Vorgesetzten? Welche Ziele hast du?
- Welche Begabungen hast du? Wo liegen deiner Meinung nach deine Stärken? Wo deine Schwächen?
- Welche Krankheiten hast du schon gehabt?
- Welche Feiertage magst du am liebsten? Was ist deine Lieblingsmusik, deine Lieblingsbeschäftigung?
- Wie sieht deine Definition vom idealen Partner aus?
- Welches sind die fünf wichtigsten Menschen in deinem Leben?
- Welche christlichen Leiter oder Schriftsteller haben dich beeinflusst?
- Wo würdest du gerne leben? In welchem Land, Staat, Stadt, Haus und/ oder Wohnung?
- Wie denkst du über das Alter?
- Beschreibe die besten Jahre in deinem Leben.

Tagebuch der alltäglichen Gewohnheiten

Um dir zu helfen, deinen zukünftigen Partner besser kennen zu lernen, solltest du das folgende Tagebuch deiner alltäglichen Gewohnheiten so genau wie möglich vervollständigen. Vielleicht ist es dir eine Hilfe, wenn du es an einem typischen Alltag ständig bei dir hast. Schreibe jeweils nach einer Stunde auf, was du genau in dieser Stunde getan hast. Es kann sein, dass du das zweimal tun musst, einmal an einem Wochentag und einmal an einem Samstag.

Wann wachst du morgens auf?

Wann stehst du auf?

Wie bereitest du dich zuerst auf den Tag vor? Was machst du zum Beispiel zuerst: duschen oder frühstücken? Wie lange brauchst du im Badezimmer? Wie lange brauchst du, um das Frühstück vorzubereiten? Isst du am Tisch oder nebenbei im Stehen? Liest du morgens die Zeitung, machst du Stille Zeit, usw.? Mit anderen Worten, beschreibe deinen normalen Ablauf und wie viel Zeit du für jede Aufgabe benötigst.

Wenn du mit dem Auto unterwegs bist (zur Arbeit, Schule, usw.), genießt du es dann, allein zu sein, oder wünschst du dir einen Gesprächspartner? Wenn du das Radio im Auto laufen lässt, was hörst du dir dann an?

Nachdem du jetzt ungefähr weißt, wonach hier gefragt wird, gib an, was du zu jeder Stunde des Tages machst. Vergiss in deiner Darstellung nicht die Pausen, das Mittagessen usw.

Wenn du auf dem Nachhauseweg bist, denkst du dann eher darüber nach, was an diesem Tag geschehen ist, oder darüber, was du am Abend vorhast? Wenn du nach Hause kommst, was machst du dann am liebsten zuerst?

Beschreibe genau, wie du das Abendessen vorbereitest, was und wo du gerne isst und was du abends machst. Wann machst du dich zum Schlafen fertig, wohin legst du deine Alltagskleidung? Legst du dir abends schon die Kleidung für den nächsten Tag zurecht, oder machst du das morgens? Lässt du beim Einschlafen das Radio oder den Fernseher an? Schläfst du besser, wenn es völlig dunkel und still ist, oder lässt du ein Licht an?

Natürlich kannst du noch weitere Einzelheiten oder Informationen hinzufügen, die deinem Partner helfen würden, einen besseren Einblick in deinen täglichen Ablauf zu bekommen. Vergiss nicht, dasselbe auch für deinen freien Tag und für samstags aufzustellen. Wenn ihr beide mit dem Ausfüllen fertig seid, tauscht euch untereinander aus und sprecht darüber, wie das Leben zu zweit euren täglichen Ablauf verändern würde.

Schlussfragen:

Wenn dich die Andersartigkeit deines/r Verlobten definitiv stört, dann stelle dir selbst einmal die Frage: „Wie wäre es wohl, mit einer Person wie mir verheiratet zu sein? Würde mir das gefallen?"

Auf welche Art und Weise wird die Gegenwart Jesu Christi in deinem Leben dir helfen, mit Unterschieden in eurer zukünftigen Ehe zurechtzukommen?

Um dir zu helfen, eure Einzigartigkeit und eure Unterschiede ausgiebig zu entdecken, ist es sehr hilfreich, wenn ihr gemeinsam ein Buch über die verschiedenen Temperamentstypen lest. Empfehlenswert sind zum Beispiel die Bücher zum DISG-Programm wie Lothar Seiwert u. Friedbert Gay: „Das 1x1 der Persönlichkeit" (Gabal/MVG) oder Friedbert Gay u. Hanno Herzler: „Ich brauch dich und du brauchst mich" (Brockhaus, nur noch antiquarisch). Ebenfalls zu empfehlen ist das amüsant geschriebene Buch von Florence Littauer: „Einfach typisch für Paare" (Gerth Medien) oder „Das Enneagramm" von Richard Rohr u. Andreas Ebert (Claudius).

Kapitel 3

Liebe als Grundlage für die Ehe

Liebe als Grundlage für die Ehe

Die meisten Paare geben an, dass sie ihren Partner aus Liebe heiraten. Nehmen wir einmal an, in unserer Gesellschaft wäre es üblich, dass du vor deiner Hochzeit eine Jury in einem Gerichtssaal zuerst von deiner echten Liebe zu deinem zukünftigen Partner überzeugen müsstest. Schreibe in allen Einzelheiten auf, welche Fakten du der Jury präsentieren würdest. Schließe in deine Präsentation auch deine eigene Definition von Liebe ein.

Was ist Liebe? Was ist Liebe nach Meinung der Welt? Im Folgenden findest du mehrere Definitionen. Mit welcher von ihnen stimmst du überein?

- ❑ „Liebe ist ein Gefühl, das du fühlst, wenn du etwas fühlst, was du noch nie zuvor gefühlt hast."
- ❑ „Liebe ist ein berauschender Zustand, der nie aufhört."
- ❑ „Liebe ist ein Schatz, ein Feuer, ein Himmel, eine Hölle. In ihr sind Freude, Schmerz und Reue beheimatet!"
- ❑ „Liebe ist ein Zustand geistiger Umnachtung."
- ❑ „Jemanden zu lieben ist nicht nur ein starkes Gefühl – es ist eine Entscheidung, es ist ein Beschluss, es ist ein Versprechen."
- ❑ „Liebe ist eine bedingungslose Verpflichtung gegenüber einer unvollkommenen Person."

Was sagt das Wort Gottes über die Liebe?

Schlage einige der folgenden Bibelstellen nach, um zu erkennen, wie Gottes Liebe aus seiner eigenen Perspektive aussieht. Wir schlagen vor, dass du eine moderne Übersetzung nimmst. Was ist der Kernpunkt der einzelnen Stellen?

Die biblische Vorstellung von Liebe

1. Sprüche 17,17

2. Matthäus 6,24

3. Matthäus 22,37–39

4. Lukas 6,27–35

5. Lukas 10,25–37

6. Johannes 3,16

7. Johannes 13,34

8. Römer 13,8–10

9. Römer 14,15

10. 1. Korinther 8,1

11. Galater 2,20

12. Galater 5,13

13. Galater 6,2

14. Epheser 4,2

15. Epheser 5,2

16. Epheser 5,25

17. Titus 2,3–5

18. 1. Petrus 4,8

19. 1. Johannes 3,16–18

In 1. Korinther 13,4–7 wird die biblische Definition von Liebe vorgestellt. Diese Verse zeigen, dass die Liebe aus vielen Elementen besteht – aus negativen und positiven. Wenn du im Folgenden darüber nachdenkst, gib drei praktische Beispiele, wie jedes von ihnen in deiner Ehe angewandt werden könnte. Beschreibe möglichst genau.

1. Ist geduldig – hält Kränkungen aus, hat es nicht eilig, wartet auf den Herrn, dass er das, was falsch ist, richtig stellt.

   (1)

   (2)

   (3)

2. Ist freundlich – nicht rücksichtslos, ist hilfsbereit, ist konstruktiv, segnet, wenn verflucht wird, hilft, wenn verletzt wird, ist zartfühlend.

   (1)

   (2)

   (3)

3. Kennt keinen Neid, sondern ist zufrieden – ist nicht eifersüchtig auf den Erfolg oder die Konkurrenz einer anderen Person.

   (1)

   (2)

   (3)

4. Ist nicht arrogant, sondern demütig – ist nicht hochmütig, sondern bescheiden und gütig.

   (1)

   (2)

   (3)

5. Prahlt nicht, sondern ist zurückhaltend – gibt nicht an, versucht nicht, Eindruck zu schinden, will nicht im Mittelpunkt stehen.

(1)

(2)

(3)

6. Ist nicht verletzend, sondern höflich.

(1)

(2)

(3)

7. Ist nicht auf sich selbst bedacht, sondern vergisst sich selbst.

(1)

(2)

8. Ist nicht reizbar, sondern gut gelaunt.

(1)

(2)

(3)

9. Ist nicht nachtragend oder zornig, sondern großmütig.

(1)

(2)

(3)

10. Freut sich nicht daran, die Sünden eines anderen ans Licht zu bringen, sondern freut sich, wenn ein anderer der Wahrheit gehorcht.

(1)

(2)

(3)

11. Ist nicht rebellisch, sondern mutig; verbirgt die Fehler einer anderen Person vor anderen, anstatt sie preiszugeben.

(1)

(2)

(3)

12. Ist nicht misstrauisch, sondern vertrauensvoll; nicht zynisch, macht Zugeständnisse, sucht nach einer Erklärung, die das Beste in dem anderen aufzeigen will.

(1)

(2)

(3)

13. Ist nicht niedergeschlagen, sondern hoffnungsvoll, gibt nicht auf, wenn sie betrogen oder zurückgewiesen wurde.

(1)

(2)

(3)

14. Ist unbesiegbar – kann Probleme aushalten.

(1)

(2)

(3)

Wie würdest du folgenden Konflikt lösen?

Nach einigen Ehejahren erklärt Ken einem Eheberater, dass er keinerlei Gefühle mehr für seine Frau empfinde. „Es ist nicht mehr so wie am Anfang unserer Ehe", sagt er. „Ich wusste damals zweifellos, dass ich sie liebte. Ich hatte unmissverständlich starke Gefühle für sie. Jetzt ist das alles vorbei. Ich bewundere sie. Sie ist eine wunderbare Person, eine tolle Ehefrau und Mutter. Ich fühle mich aber ehrlich gesagt inzwischen mehr zu einer Frau hingezogen, mit der ich damals in meiner Schulzeit öfters ausgegangen bin."

Sandy ist wegen der ganzen Sache sehr frustriert. Sie sagt, dass sie ihren Ehemann und die Kinder liebt, und dass sie die Familie zusammenhalten will. Keiner von beiden will eine Scheidung. Er fragt: *„Wie kann ich diese Gefühle für meine Frau wieder zurückbekommen?"* Sie fragt: *„Habe ich etwas getan, was seine Liebe zu mir zerstört hat?"*

1. Was sind die Ursachen des Problems?

Sandy

Ken

2. Was sollten sie tun, um das Problem zu lösen?

Sandy

Ken

3. Welche Vorschläge macht Offenbarung 2,1–5, wie man sich wieder neu verlieben kann?

(1)

(2)

(3)

Eure Ehe braucht drei Arten der Liebe: Eros, Philia, Agape

Eros ist die Liebe, die den sinnlichen Ausdruck sucht. Eros ist die romantische, sexuelle Seite der Liebe. Sie wird inspiriert von der biologischen Seite der menschlichen Natur. In einer guten Ehe werden sich der Ehemann und die Ehefrau auf romantische und erotische Art lieben.

Außerdem sind der Ehemann und die Ehefrau in einer guten Ehe Freunde. Freundschaft bedeutet Kameradschaft, Kommunikation und Kooperation. Das versteht man unter Philia.

Agape ist selbstlose, gebende Liebe, die Liebe, die auch dann noch da ist, wenn der andere nicht mehr liebenswert ist. *Die Agape-Liebe ist nicht etwas, was dich einfach so überkommt; sie ist etwas, was du selbst geschehen lässt.*

Die Liebe ist ein persönlicher Akt der Hingabe. Die Liebe Jesu (und damit auch das Vorbild für unsere Liebe) ist bedingungslos. Seine Liebe zu uns ist aufopfernde Liebe. Seine Liebe ist großzügig. Seine Liebe ist ewig. Agape ist Freundlichkeit. Es bedeutet, mitfühlend, rücksichtsvoll und den Bedürfnissen deines Geliebten gegenüber einfühlsam zu sein. Agape ist Zufriedenheit und Vergebung.

Wenn jeder sich bewusst bemühen würde, die Philia-Liebe und die Agape-Liebe zu fördern, würde das zu einem Wachstum aller drei Arten der Liebe führen. Die freundschaftliche Philia-Liebe kann die Agape und den Eros verstärken und bereichern. Die Agape-Liebe kann Philia und Eros stärken und steigern. Sowohl Agape als auch Philia können die Eros-Liebe bereichern, sodass diese im Laufe der Jahre nicht so sehr an Bedeutung verliert, wie das normalerweise der Fall ist. Auch sie kann sich immer weiterentwickeln, wenn sie richtig genährt wird, und wenn das so ist, werden Philia und Agape durch sie bestärkt. Doch alle drei erfordern eine bewusste Anstrengung.

Wenn du verheiratet bist, was kannst du dann tun, um diese drei Arten der Liebe zu demonstrieren?

Schreibe unter jedes Wort fünf konkrete Beispiele dafür, was du tun willst, um deine Liebesbeziehung zu verbessern.

EROS	PHILIA	AGAPE
1.	1.	1.
2.	2.	2.
3.	3.	3.
4.	4.	4.
5.	5.	5.

Welches sind deiner Meinung nach in der Ehe die drei Haupthindernisse für die Weiterentwicklung der Liebe und ein stetiges Wachstum?

1.

2.

3.

Eure Liebe wird entweder leben oder sterben. Was tötet die Liebe?

Die Liebe stirbt, wenn ihr wenig oder keine Zeit miteinander verbringt und wenn ihr aufhört, gemeinsam Dinge zu unternehmen, die euch Spaß machen. Die Liebe wächst oder wird zerstört, indem man über einen längeren Zeitraum hinweg mit dem Partner gemeinsam immer wieder schöne Unternehmungen plant oder dies nicht tut. Die Liebe stirbt an dem Versäumnis beider Parteien, das richtige Verhalten im anderen zu bestärken. Freundlich und offen sein, sich um den anderen kümmern, sich Komplimente machen, Mitgefühl zeigen und Zeit zusammen verbringen sind Verhaltensweisen in der Ehe, die gefördert werden müssen. Wenn sie nicht bestärkt werden, können sie sich auflösen. Wenn dein Partner bestimmte Dinge nicht mehr tut, die du an ihm magst, können liebevolle Gefühle ihm gegenüber verschwinden.

1. Was wirst du nun tun, um das Verhalten zu bestärken, über das du dich freust?

2. Was wirst du tun, wenn du verheiratet bist?

3. Wie wird die Gegenwart Jesu Christi in deinem Leben dir helfen, deinen Partner mit den drei Arten der Liebe, Eros, Philia und Agape, zu lieben?

Zum Nachdenken

Die Liebe innerhalb einer Ehe erfordert die Fähigkeit, sich in die Lage deines Partners zu versetzen, um verstehen zu können, dass eure Unterschiede einfach Anteile zweier einzigartiger Persönlichkeiten sind und dass sie nicht den Verrat deiner Hoffnungen und Träume bedeuten. Ein grundlegender Bestandteil der Liebe ist die bedingungslose Bereitschaft jedes Einzelnen, diese Unterschiede zu verstehen und zu nutzen, indem ihr über eure tiefsten Gefühle, Sorgen, Einstellungen und Vorstellungen miteinander sprecht.
Verschiebe die sofortige Erfüllung deiner Bedürfnisse auf später, wenn deinem Partner gerade nicht danach ist. Sprich mit ihm sowohl über deine Bemühungen, wie du mit schwierigen Situationen fertig zu werden versuchst, als auch über die Freude und das Vergnügen, das es dir bereitet, mit ihm zusammen zu sein. Helft euch gegenseitig in üblen Situationen, deren Ursache außerhalb eurer Kontrolle liegen, und ermutigt euch in verzweifelten Momenten. Nehmt die notwendigen Pflichten und Verpflichtungen als Aufgaben, anstatt sie als eine zentnerschwere Last zu betrachten. Bestätige den Wert deines Partners für dich durch einen Blick, ein Lächeln, eine Berührung. Sprich deine Anerkennung über eine leckere Mahlzeit oder eine neue Frisur aus; macht spontane Ausflüge ins Kino oder in ein nettes Restaurant. Vertraue darauf, dass dein Partner immer für dich da ist, wenn du ihn brauchst. Mach dir bewusst, dass er oder sie immer dein Bestes will, auch wenn du mal kritisiert wirst. Haltet euch im Angesicht der Opfer, die gebracht werden müssen, die Treue und lebt füreinander. All dies sind zusätzliche Bestandteile der Liebe in einer Ehe, über die man sich am Anfang einer Beziehung kaum Gedanken macht.[12]

Kapitel 3

Welche Erwartungen stellst du an die Ehe?

Jeder Mensch, der den Bund der Ehe eingeht, bringt gewisse Erwartungen mit. Diese Erwartungen sind unterschiedlicher Herkunft und werden außerdem geprägt von den Eltern, der Gesellschaft, den Medien und von unseren eigenen Vorstellungen. Es ist wichtig, sich die Zeit zu nehmen und herauszufinden, wie diese Erwartungen aussehen, welche davon erreicht werden können, welche realistisch sind und wie man mit ihnen umgeht, wenn nicht alles nach Plan läuft. Das Wort Erwartung *impliziert eine Einstellung der Hoffnung. Hoffnung wird definiert als „die Erwartung von etwas Gutem". Hoffnung ist notwendig, weil sie uns motiviert und uns antreibt.*

Für die nächste Übung brauchst du etwas „Hirnschmalz" und Zeit. Schreibe 20 Erwartungen auf, die du an deinen Partner hast. Es kann sich um einfache oder um größere Erwartungen handeln. Ein Ehemann erwartet zum Beispiel von seiner Frau, dass sie ihn immer an der Haustür empfängt, wenn er nach Hause kommt, dass sie die Kinder erzieht und nicht arbeiten geht, und dass er bestimmen kann, wann sie Sex miteinander haben. Eine Ehefrau erwartet eventuell von ihrem Mann, dass er sie immer begleitet, wenn sie ihre Eltern besucht, dass er zu Hause für die Andacht zuständig ist und dass er samstags zu Hause bleibt und nicht zum Fußball geht.
Zähle deine Erwartungen jetzt schriftlich auf, aber sprich noch nicht mit deinem Partner darüber. Die Spalten auf der rechten Seite brauchst du erst später.

	K	S	N
1.			
2.			
3.			
4.			
5.			
6.			
7.			
8.			
9.			
10.			
11.			
12.			
13.			
14.			
15.			
16.			
17.			
18.			
19.			
20.			

Zähle jetzt zehn Erwartungen auf, die dein Partner deiner Ansicht nach an eure Ehe stellen wird.

1.

2.

3.

4.

5.

6.

7.

8.

9.

10.

Lasst uns noch einmal kurz über Enttäuschungen sprechen. Wir alle werden immer wieder enttäuscht, weil unsere Erwartungen, Hoffnungen und Träume nicht in Erfüllung gehen. Zähle drei enttäuschende Erlebnisse aus der Vergangenheit auf. Erkläre dann, wie du mit der Enttäuschung umgegangen bist.

1.

2.

3.

Nun wollen wir wieder auf die 20 Erwartungen zurückkommen, die wir an unseren zukünftigen Ehepartner haben. Nimm dir jede einzelne Erwartung vor und erläutere auf einem Blatt Papier in ein oder zwei Sätzen, welche Auswirkungen es auf dich und eure Ehe hätte, wenn diese Erwartung nicht erfüllt würde.

Nun nimm diese Liste mit den 20 Erwartungen und zeig sie deinem Partner. Lies die Liste, die dein Partner aufgestellt hat. Markiere beim Lesen die entsprechende Spalte: **K** steht für „Kinderspiel". Du hast das Gefühl, dass es ein Kinderspiel ist, die gerade gelesene Erwartung zu erfüllen. **S** steht für „Schweiß". Es wird harte Arbeit und Schweiß kosten, aber es ist machbar. **N** steht für „niemals". Du glaubst, dass es unmöglich ist, diese Erwartung zu erfüllen. Wenn ihr fertig seid, gebt eure Einschätzung dem anderen zurück und sprecht darüber.

Es gibt drei sehr verbreitete Erwartungen, die Paare an ihre Ehe stellen. Erstens: Sie erwarten, dass ihre Ehe funktionieren wird und nicht in einer Scheidung endet. Das ist ein tolles Ziel, aber was kann man tun, damit es Wirklichkeit wird? Formuliere einige Sätze, in denen du angibst, was du speziell tun willst, damit es funktioniert. Wenn ihr damit fertig seid, tauscht euch darüber aus.

Eine andere Erwartung, die jeder gewöhnlich an sich und den Partner stellt, ist Treue. Partner erwarten, dass sie sich gegenseitig treu sind. Treue meint aber nicht nur die sexuelle Monogamie, sondern es gehören auch noch andere Gebiete dazu. Zum Beispiel ist manch einer seinem Partner untreu, indem er sich in seine Arbeit vergräbt. Die Aufmerksamkeit, die eigentlich dem Partner gehört, wird der Arbeit gewidmet. Untreue kann sich auch darin zeigen, dass man mehr Zeit mit Freunden, mit Sport, Autos, Gemeindearbeit, Haushalt, Kindern usw. verbringt als mit seinem Partner.

Wenn du entweder eine andere Person (außer deine Beziehung zu Jesus Christus), Besitz oder Hobbys wichtiger nimmst als deinen Partner, könnte das bedeuten, dass du untreu bist. Was wir in einer Ehe brauchen, ist kreative Treue. Das bedeutet, dass wir sensibel sind für die Bedürfnisse des anderen, unseren Partner unterstützen und ihm emotional und körperlich beistehen.

Ehepaare erwarten außerdem von ihrer Beziehung, dass sie reibungslos vorwärts und aufwärts geht, ohne größeren Aufruhr oder Anpassungsschwierigkeiten. Sieh dir die Übersicht über die drei Stadien einer Ehe an, die weiter unten aufgeführt ist.

Es wird behauptet, dass die meisten Ehepaare diese drei Stadien durchlaufen. Wie sieht es bei euch aus? Vielleicht habt ihr in eurer Beziehung bereits einige Stadien der Ernüchterung durchgemacht. Wollt ihr die ganze Palette durchleben, wie sie hier aufgeführt ist? Wenn nicht, dann nehmt euch etwas Zeit und schreibt auf, was ihr als Einzelner und als Paar tun könnt, um das zu verhindern. Sprecht anschließend über eure Antworten.

Oft entstammen viele deiner Erwartungen deinem Elternhaus und deinem Hintergrund. Vervollständige die folgenden Aussagen und sprich mit deinem Partner darüber.

1. Folgendes musst du über meine Kindheit und über mein damaliges Familienleben wissen, damit du mich verstehen kannst:

2. Hätte ich während meiner Kindheit eine Sache in meinem Familienleben ändern können, wäre das Folgendes gewesen:

3. Weil ich möchte oder nicht möchte, dass das auch in meiner eigenen Ehe und Familie vorkommt, werde ich ...

4. Meine Eltern haben meine Einstellung zur Ehe beeinflusst, indem sie ...

5. Etwas in der Ehe meiner Eltern, das auch in meiner Ehe vorhanden sein soll, ist ...

6. Etwas in der Ehe meiner Eltern, das in meiner Ehe nicht vorkommen soll, ist ...

Die drei Stadien einer Ehe

(und einige Worte und Vorstellungen, die mit diesen Stadien einhergehen)[13]

VERZAUBERUNG	ERNÜCHTERUNG	REIFE
Auf Wolke 7	Wütend	Mit den Füßen auf dem Boden
Perfekt	Schrecklich	Ich brauche dich
Genau richtig	Total falsch	Wie siehst du das?
Für immer	Ich gehe	Lass uns daran arbeiten
Total verliebt	Verletzt	Ich werde dir helfen
Vergöttert	Heruntergemacht	Ermutigen
Benommen	Ein Scherbenhaufen	Intakt
Fasziniert	Verärgert	Erfrischt
Verzaubert	Todunglücklich	Dankbar
Gefesselt	Belastend	Frei
Ekstase	Unbehaglich	Behaglich
Aufregend	Verbittert	Freundlich
Gedankenverloren	In der Falle	Wachsend
Wir haben es geschafft	Wir werden das niemals schaffen	Gemeinsam können wir es schaffen

Sprich mit deinem Partner und zählt dann auf einem separaten Blatt Papier zehn Ähnlichkeiten und zehn Unterschiede in eurem Zuhause und in eurem Familienleben auf. Besprecht diese Punkte gemeinsam. Wie wird sich das auf eure Beziehung auswirken?

In eurer Ehe werden sich Dinge verändern. Wie wirst du dich dem anpassen? Ist dir bewusst, dass auch positive Veränderungen eine eheliche Beziehung zerstören können? Jemand ist mit einem Nicht-Christen verheiratet und hat jahrelang darum gebetet, dass er Christ wird. Plötzlich wendet sich der Partner Gott zu und verändert auch seinen Lebensstil. Damit ist der christliche Partner auch wieder nicht einverstanden. Ein Alkoholiker hört plötzlich mit dem Trinken auf und geht zur Beratung, wo er viel über sich und seine Bedürfnisse lernt. Seine Frau hat sich das gewünscht, aber jetzt gerät ihre Rolle als „Retterin" ins Wanken, weil er sie nicht mehr „braucht". Ein passiver, unterwürfiger Ehemann gewinnt Selbstvertrauen, setzt sich auf positive Art und Weise durch und beteiligt sich am Familienleben. Seine Frau ärgert sich darüber ein bisschen. Warum?

Obwohl es in einer Ehebeziehung einige Verhaltensweisen gibt, die nicht wünschenswert sind, lernen beide, sich anzupassen. Wenn jedoch einer von beiden sich positiv verändert, stört das auf einmal das Gleichgewicht, und der Partner, der sich diese Veränderung gewünscht hatte, merkt auf einmal, dass nun er (oder sie) sich ebenfalls ändern muss. Er muss lernen, sich dem anderen anzupassen, und das könnte ein wenig unbequem werden. Das, worüber er sich immer beschwert hatte, ist auf einmal nicht mehr da. Nun steht er sich selbst und seiner Einstellung gegenüber und muss lernen, wie die Beziehung zu der veränderten Person in Zukunft aussehen soll.

Dieser Ehepartner fragt sich vielleicht: „Wenn es jetzt möglich war, sich zu verändern, warum hat er dann so lange damit gewartet und mir das alles angetan?" Möglicherweise hast du den Wunsch nach einer Veränderung deines Partners ständig vor Augen. Vergiss nicht: Die beste Art, wie du jemandem helfen kannst, sich zu verändern, ist, in deinem eigenen Leben Veränderungen vorzunehmen. *Eventuell* ändert sich dann der andere, wenn er lernt, mit dem neuen DU eine Beziehung aufzubauen!

Schreib auf, wie du auf die folgenden Umstände reagieren würdest, die eine Veränderung in deiner Ehe bewirken könnten:

1. Eine Fehlgeburt/Tod eines Kindes.

2. Größere finanzielle Schwierigkeiten.

3. Kündigung des Jobs.

4. Die Frau geht anstelle des Mannes arbeiten.

5. Eine schwerwiegende Krankheit.

6. Verwicklung in einen Rechtsstreit, der wahrscheinlich große finanzielle Verluste und starken emotionalen Stress zur Folge hat.

7. Umstellung von dem Haus, in dem ihr fünf Jahre lang gelebt habt, auf eine Wohnung.

8. Umstellung von Stadtleben auf Landleben.

9. Der Ehemann kündigt seinen Job, um sich selbständig zu machen; hohes Risiko.

10. Ein Kind entwickelt sich nicht so, wie ihr es euch vorgestellt hattet.

11. Nach Abschluss der Familienplanung stellt sich ein weiteres Kind ein.

12. Du findest heraus, dass du keine Kinder bekommen kannst.

13. Ein Freund/eine Freundin macht dir oder deinem Partner gegenüber Annäherungsversuche.

14. Deine Schwiegereltern verhalten sich dir gegenüber auf einmal feindselig.

15. Dein Partner muss durch Schichtdienst nachts arbeiten, du aber tagsüber, sodass ihr euch kaum noch seht.

16. Das Auto wird im Urlaub gestohlen.

17. Du fühlst dich zu einer anderen Person hingezogen.

18. Dein Partner interessiert sich nicht mehr für geistliche Dinge.

Frustrationen und Enttäuschungen gehören zum Leben dazu, aber welche Auswirkungen sie auf uns haben, liegt im Grunde an uns selbst. Wir können zulassen, dass eine Enttäuschung uns behindert, uns niederschmettert und sogar unsere Ehe zerstört. Eine andere Reaktion ist jedoch, die Enttäuschung zu akzeptieren, herauszufinden, was wir daraus lernen können, und dann neue Pläne zu schmieden und Alternativen zu finden.

Lies einmal die folgenden drei Bibelstellen und schreibe auf, wie diese Stellen dir deiner Meinung nach helfen könnten, mit Enttäuschungen und Veränderungen umzugehen und sie zu akzeptieren.

„Haltet es für lauter Freude, meine Brüder, wenn ihr in mancherlei Versuchungen geratet, indem ihr erkennt, dass die Bewährung eures Glaubens Ausharren bewirkt“ (Jakobus 1,2–3).

„Darin jubelt ihr, die ihr jetzt eine kleine Zeit, wenn es nötig ist, in mancherlei Versuchungen betrübt worden seid, damit die Bewährung eures Glaubens viel kostbarer befunden wird als die des vergänglichen Goldes, das durch Feuer erprobt wird, zu Lob und Herrlichkeit und Ehre in der Offenbarung Jesu Christi“ (1. Petrus 1,6–7).

„Glücklich der Mann, der die Versuchung erduldet! Denn nachdem er bewährt ist, wird er den Siegeskranz des Lebens empfangen, den er denen verheißen hat, die ihn lieben" (Jakobus 1,12).

Sieh dir noch einmal Jakobus 1,2–3 an. Das Wort *halten* oder *betrachten* bedeutet eine innere Einstellung des Herzens und des Denkens, die dazu führt, dass Herausforderungen und Lebensumstände eine Person entweder nachteilig oder vorteilhaft beeinflussen. Es bedeutet, dass es sich hier um aktive Entschlossenheit handelt, nicht um Resignation. Eine andere Interpretation für dieses Wort könnte sein: „Entschließt euch, schwierige Zeiten als Herausforderung zu betrachten, die ihr willkommen heißt und nutzt." Es ist eine Sinneseinstellung.

Das Wort *Anfechtungen* bedeutet äußere Schwierigkeiten oder Stress, Enttäuschungen, Sorgen oder Notlagen. Es handelt sich um Situationen, die du selbst nicht herbeigeführt hast. Es geht nicht um Sünde. Es sind Dinge, die einfach passiert sind. Es geht um all die verschiedenen Probleme, die wir in unserem irdischen Dasein eben haben.

Das Wort *Ausharren* oder *Geduld*, wie es manchmal übersetzt wird, bedeutet innere Stärke oder die Fähigkeit, fest zu bleiben und zu überleben. In gewissem Sinne ist es eine Beschreibung dafür, den Druck standhaft auszuhalten, anstatt zu versuchen, ihm zu entfliehen.

Wie wird die Gegenwart Jesu Christi in deinem Leben dir helfen, deine Erwartungen an die Ehe zu erfüllen und es zu akzeptieren, wenn nicht alle erfüllt werden?

Kapitel 5

Eine Zielformulierung

Eine gute Möglichkeit, sich dem Thema „Ziele" anzunähern, ist die Aufstellung einer Zielformulierung für deine Ehe.

Tipps für die Formulierung deiner Ziele:

- *Geh ins Detail* – eine Zielformulierung sollte klar und deutlich sein. Ungenaue Ziele führen zu ungenauen Ergebnissen. Drück dich so unmissverständlich aus wie möglich.
- *Sei positiv* – ein Ziel ist etwas, was du haben möchtest, nicht etwas, was du nicht haben möchtest. Konzentrier dich also auf das Positive.

Es gibt viele Möglichkeiten, ein Ziel oder eine Vision zu beschreiben. Eine Vision könnte als *Vorausschau* bezeichnet werden. Das bedeutet, dass man sich der aktuellen Ereignisse und Chancen voll bewusst ist und den Wert dessen erkennt, was man aus der Vergangenheit lernen kann.

Eine Vision kann auch beschrieben werden als die Fähigkeit, *das Unsichtbare zu sehen und es sichtbar zu machen*. Es ist die Vorstellung, die man im Kopf hat, wie die Dinge in kommenden Zeiten sein könnten oder sein sollten.

Eine Vision ist auch ein *Bild von den Umständen, die jetzt noch nicht bestehen.* Es ist die Konzentration auf die Zukunft; man bleibt nicht bei der Vergangenheit oder bei der Gegenwart stehen. Eine Vision ist der Prozess, bei dem mit Gottes Hilfe eine bessere Zukunft geschaffen wird.

Eine Vision ist spezifisch, detailliert, genau auf die Umstände abgestimmt, manchmal zeitlich festgelegt und messbar. Die Vision ist eine Form, wie man die Aktivitäten und die Entwicklung einer Ehe darstellen kann.[15]

Die Vision, die du für deine Ehe hast, unterscheidet sich vielleicht völlig von der einer anderen Person. Wenn du eine Vision für deine Ehe hast, dann hast du einen realistischen Traum davon, was du, dein Partner und deine Ehe unter Gottes Führung erreichen können. Und wir müssen herausfinden, was Gottes Wille ist für uns und unsere Ehen, weil das, was wir ohne seine Weisheit erreichen wollen, vielleicht nicht seinem Willen entspricht. Wir brauchen seine Weisheit, denn „der Herr kennt die Gedanken des Menschen, dass sie ein Hauch sind“ (Psalm 94,11).[16]

Folgendes Beispiel zeigt die Ziele, die ein Ehepaar für seine Ehe formuliert hat:

Wir werden uns gegenseitig mehr Respekt erweisen. Wir werden dem anderen unser Interesse entgegenbringen, wenn wir uns am Ende eines Tages begegnen. Wir werden dem anderen jeden Tag mindestens ein Kompliment machen. Wir werden dem anderen ohne Unterbrechung zuhören, selbst wenn wir dem, was er sagt, nicht zustimmen.

Wir werden unsere sexuelle Beziehung verbessern. Wir werden uns gegenseitig ein Buch über Sex vorlesen und daran arbeiten, dass unsere sexuellen Begegnungen meistens kreativ, befriedigend und aufregend sind. Vor 20 Uhr werden wir uns beide deutlich dazu äußern, ob wir an diesem Abend an Sex interessiert sind. Wir werden auch vermehrt unsere Meinung vor und nach dem Liebesakt äußern.

Wir werden unsere Liebe deutlicher zeigen, sowohl mündlich als auch ohne Worte. Wir werden jeweils den anderen fragen, wie wir ihm an diesem Tag helfen können. Mindestens einmal am Tag werden wir unsere Liebe zueinander ausdrücken. Wir werden mindestens einmal in der Woche miteinander schlafen. Wir werden uns beim anderen erkundigen, was er gerne am Freitag- oder am Samstagabend unternehmen möchte.

Wir werden lernen, flexibler zu sein. Wir werden lernen, damit umzugehen, einen spontanen Ausflug oder einen Besuch bei Freunden zu machen und auch selbst spontan Leute zum Abendessen einzuladen.

Wir werden die Dinge aus der Perspektive des anderen betrachten und uns selbst zwei Jahre Zeit dafür geben, diese Aufgabe erfüllen zu können. Wir werden eine Aufgabe so ausführen, wie unser Partner es tun würde, und das mindestens einmal, bevor wir ihn dazu ermutigen, es so zu tun, wie wir es für richtig halten. Wir werden daran arbeiten, dass wir zugeben, wenn wir uns geirrt haben und uns weniger defensiv verhalten.[17]

Ziele für eine Ehe

Weniger als drei Prozent der verheirateten Paare haben sich für ihre Ehe Ziele gesetzt. Ziele sind lebenswichtig, denn bevor du dir nicht irgendetwas in den Kopf gesetzt hast, das du erreichen willst, wirst du nicht sehr weit kommen.

Zähle sechs Ziele für deine Ehe auf, die du dann in das Zielrad unten einträgst – ein Ziel pro Abschnitt. Schreibe in einen der übrigen Zwischenräume ein Ziel, das du in den nächsten drei bis fünf Jahren erreichen willst.

Trage in den letzten Zwischenraum ein Ziel ein, von dem du dir wünschst, dass dein Partner es in den nächsten drei bis fünf Jahren erreicht. Vergiss nicht, ein Ziel sollte vernünftig sein, realistisch, erreichbar und ein Zeitlimit haben.

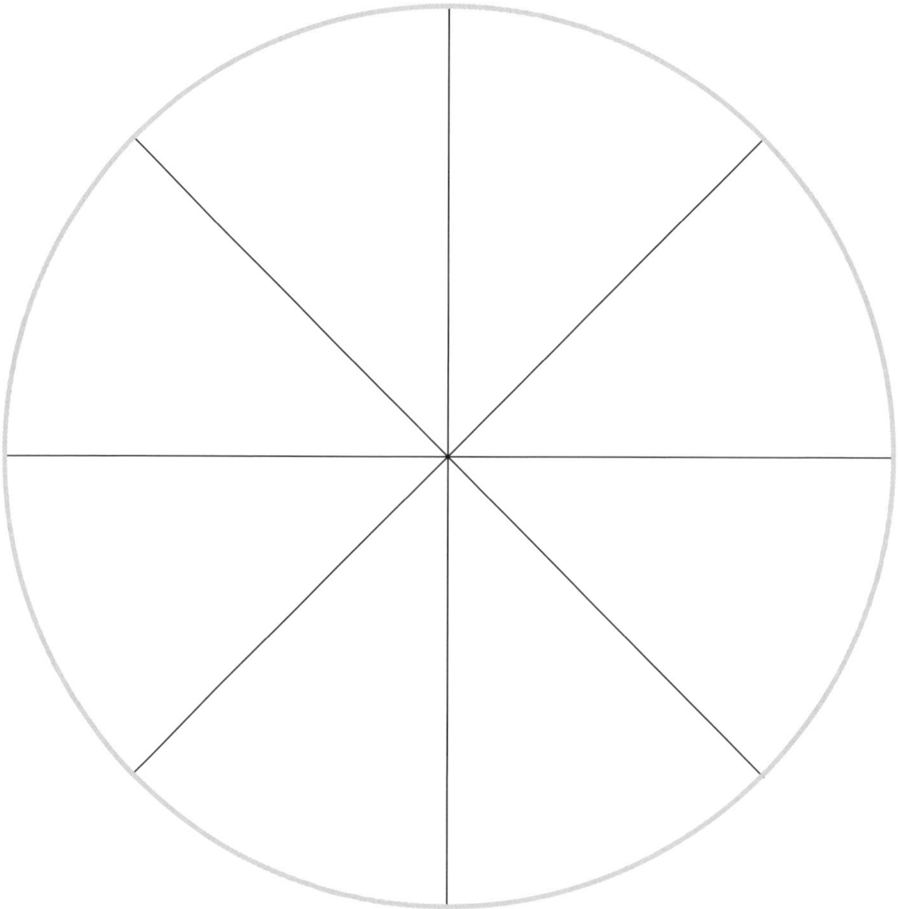

Welche Ziele hast du für deine Ehe? Wie soll deine Ehe werden? Was soll sie reflektieren? Was wünschst du dir von deiner Ehe?

Richte dich bei deinen Zielen nach den folgenden Leitlinien.

1. Markiere sechs der zehn Ziele, die du am wichtigsten findest, mit einem Sternchen (*). Reihe sie dann der Wichtigkeit nach auf.

2. Markiere zwei der zehn Ziele mit einer **0**, auf die du, falls unbedingt notwendig, bereit wärst zu verzichten.

3. Setze ein **G** vor die Punkte, die Geld kosten.

4. Setze ein **E** vor diejenigen, die du von deinen Eltern gelernt hast.

5. Setze ein **P** vor diejenigen, von denen du glaubst, dass dein Partner sie auch aufgeschrieben hat.

6. Erkläre in einem Satz, warum deine Ziele wichtig für die Gesundheit deiner Ehe sind.

7. Sprich nun mit deinem Partner über deine Ziele.

8. Wähle zwei deiner Ziele aus, die du für deine Ehe hast, und stelle einen Plan auf, wie du sie erreichen kannst. Gib außerdem einen Zeitpunkt an, wann du nach der Hochzeit an diese Übung herangehen und sie wiederholen willst. Es ist wichtig, Ziele regelmäßig neu zu beurteilen und festzulegen, weil sie sich ändern. Manche sind vielleicht kurzfristig erreichbar (innerhalb von drei bis sechs Monaten), für andere braucht man mehr Zeit (fünf bis zehn Jahre).

9. Wie wird die Gegenwart Jesu Christi in deinem Leben dir helfen, deine Ziele festzusetzen und zu erreichen?

Kapitel 6

Die Erfüllung von Bedürfnissen

Einer der Hauptfaktoren für den Wunsch nach einer Eheschließung ist die Erfüllung von Bedürfnissen, die wir in unserem Leben haben. Es ist bewundernswert, wenn wir sagen, dass wir eine andere Person heiraten, weil wir ihre Bedürfnisse stillen wollen. Aber, um ganz ehrlich zu sein hoffen und glauben wir, dass auch unsere Bedürfnisse erfüllt werden. In unserer seelsorgerlichen Arbeit mit Ehepaaren haben wir festgestellt, dass sie sich meistens darüber beklagen, dass nicht auf ihre Bedürfnisse eingegangen wird. Oft versucht einer der Partner, den Bedürfnissen des anderen entgegenzukommen, aber er weiß nicht immer, wie diese aussehen oder wie genau er ihnen begegnen kann.

Wir glauben deshalb, dass es für eine verheiratete Person wichtig ist, ihre Bedürfnisse genau zu formulieren und dann anzugeben, wie sie sich die Reaktion des Partners vorstellt. Manch einem stellt sich da die Frage: „Zerstört das nicht die ganze Romantik einer Ehe, wenn du der anderen Person genau sagen musst, was du dir wünschst?" Nicht wirklich. Tatsächlich kann die Beziehung dadurch romantischer werden, weil dein Partner nicht Gedanken lesen und versuchen muss herauszufinden, was du brauchst und was du willst!

Wir wollen uns einmal deine Bedürfnisse genauer ansehen. Schreib genau auf, was, deiner Meinung nach, auf jedem der vier unten aufgeführten Gebiete deine Bedürfnisse sind. Dann gib an, was dein Partner tun kann, um diese Bedürfnisse zu stillen.

BEDÜRFNISSE IN MEINER EHE	WIE MEIN PARTNER DIESE BEDÜRFNISSE ERFÜLLEN KANN
Körperliche Bedürfnisse:	
Emotionale Bedürfnisse:	
Geistliche Bedürfnisse:	
Soziale und intellektuelle Bedürfnisse:	

Tausch nun dein Arbeitsbuch mit dem deines Partners, deck dabei aber den Teil ab, der zeigt, was du von deinem zukünftigen Ehepartner in Bezug auf die Erfüllung deiner Bedürfnisse erwartest. Lies dir die Bedürfnisse deines Partners durch. Schreib dann auf einem leeren Blatt Papier auf, was du deiner Meinung nach tun kannst, um diese Bedürfnisse zu befriedigen. Wenn du fertig bist mit dieser Aufgabe, deck den zugedeckten Teil auf und finde heraus, wie einfühlsam du bist in deinem Beschluss, die Bedürfnisse des anderen zufrieden zu stellen!

Der Psychologe Abraham Maslow hat vor Jahren behauptet, dass jeder bestimmte Grundbedürfnisse in seinem Leben hat. Er zählte diese Bedürfnisse nach ihrer Wichtigkeit auf. Ein Mensch muss zuerst zusehen, dass seine körperlichen Bedürfnisse gestillt werden. Das sind die Dinge, die für das Überleben notwendig sind: Nahrung, Wasser, Sauerstoff, Ruhe, usw. Zweitens bemüht sich ein Mensch um Sicherheit. Dazu gehört das Bedürfnis nach einer sicheren Umgebung, Schutz vor Verletzungen, usw. Drittens, nachdem die ersten beiden Bedürfnisse erfüllt sind, sucht ein Mensch nach der Zufriedenstellung seines Strebens nach Liebe und Zugehörigkeit. Dazu gehört das Verlangen nach liebevollen Beziehungen mit anderen. Als Viertes strebt ein Mensch danach, dass sein Bedürfnis nach Wertschätzung erfüllt wird. Wertschätzung heißt auch, dass man als wertvolle Person wahrgenommen wird. Und schließlich, nachdem die anderen Bedürfnisse gestillt sind, versucht der Mensch, sein Bedürfnis nach Selbstentfaltung zu stillen. Das ist das Bedürfnis nach Weiterentwicklung – jeder möchte die Person werden, die man potenziell werden kann.

Maslows Bedürfnishierarchie

Die meisten Ehemänner und Ehefrauen tragen dazu bei, dass die ersten beiden Bedürfnisstufen beim anderen erfüllt werden – die körperlichen Bedürfnisse und die nach Sicherheit. Zum Beispiel gönnen die meisten Ehemänner ihren Frauen genug Luft, Wasser, Nahrung und Ruhezeiten. Und die meisten kümmern sich darum, dass das Auto gut funktioniert, dass das Haus warm, beleuchtet und sicher ist usw. Doch die meisten Ehemänner und Ehefrauen merken gar nicht, dass sie die Bedürfnisse ihres Partners nach Liebe und Achtung, Wertschätzung und Entfaltung nicht erfüllen.

Vervollständige die folgenden Sätze unter Berücksichtigung der Hierarchie der Bedürfnisse, die das vorhergehende Diagramm aufzeigt:

1. In unserer Ehe werde ich versuchen, die Bedürfnisse meines Partners nach Liebe, Wertschätzung und Entfaltung der Persönlichkeit zu erfüllen, indem ich ...

2. Mein Partner kann meine eigenen Bedürfnisse nach Liebe, Wertschätzung und Entfaltung der Persönlichkeit am besten erfüllen, indem er/sie ...

Nun nimm deine Bibel und sieh dir die Stellen an, in denen steht, dass Gott jedes der Bedürfnisse, die du auf deine Liste gesetzt hast, erfüllen wird. Wir müssen uns nicht mehr darauf verlassen, dass wir oder unser Partner unsere Bedürfnisse komplett befriedigen müssen. Stattdessen merken wir, dass Gott Verheißungen für uns hat, die uns die Stabilität geben, nach der wir suchen. Vielleicht möchtest du zuerst die folgenden Stellen nachschlagen. Auf welches Gebiet der Bedürfnisse beziehen sie sich?

1. Psalm 103,4

2. Matthäus 6,33-34

3. Römer 5,8; 8,35-39

4. Epheser 2,10

In der Einteilung der Bedürfnisse ist das Wort *Wertschätzung* oder *Selbstachtung* aufgetreten. Das Selbstbild der Partner ist eines der wichtigsten Fundamente für die Ehe. Wenn jemand heiratet, der nur eine geringe Selbstachtung hat, kann das eine Belastung für die Ehe bedeuten. Der Grund, warum du heiratest, ist vielleicht, dass du deine Selbstachtung verbessern willst oder dass du von deinem Partner erwartest, dir ein Gefühl von Bedeutsamkeit zu geben.

Unser Selbstbild oder wie wir über uns selbst denken, gründet sich oft auf unser persönliches Erscheinungsbild. Wir fragen uns: „Wie sehe ich aus?" Ist das, was du von dir selbst denkst, abhängig von deinem Erscheinungsbild? Dieses Bild von uns selbst richtet sich auch nach den folgenden Punkten. Wie stark ist dein Selbstbild von den einzelnen abhängig? Schreib auf, wie du darüber denkst.

1. Ansehen: das Gefühl, wichtig zu sein

2. Zugehörigkeit: das Gefühl, gewollt und akzeptiert zu sein

3. Wert: das Gefühl, wertvoll zu sein oder geschätzt zu werden

4. Kompetenz: das Gefühl, gut genug zu sein

Wir wollen einmal die letzten drei Punkte näher betrachten. Zugehörigkeit beruht auf einer freiwilligen Akzeptanz durch andere Menschen. Es ist eine Art Sicherheit, die dir die Menschen geben, die dich lieben und akzeptieren. Dein Partner akzeptiert dich höchstwahrscheinlich, aber was passiert zu den Zeiten, wenn du dich nicht voll akzeptiert fühlst? Dein Selbstwertgefühl beruht auf deiner Einstellung zu dir selbst und darauf, dass man von anderen als wertvolle Person bestätigt wird. Was passiert, wenn du einmal nicht mit dir selbst zufrieden bist?

Das Gefühl der Kompetenz beruht auf den Einschätzungen, die man in vergangenen Beziehungen erfahren hat, und auf dem gegenwärtigen Erfolgsgefühl. Was passiert, wenn du nicht das Gefühl hast, erfolgreich zu sein, oder wenn du es einfach mal nicht bist?

Denk einmal über folgenden Satz nach: Dein Wert ist so groß, dass Gott seinen Sohn auch dann gesandt hätte, um für dich zu sterben, wenn du der einzige Mensch gewesen wärst, den er geschaffen hätte. So viel bedeutest du ihm. Viele von uns streben nach dem Gefühl, gut genug zu sein. Gott hat uns für gut genug erklärt mit dem, was er durch seinen Sohn Jesus Christus für uns getan hat.

In deiner Beziehung zu Gott ist dir die Zugehörigkeit sicher. In deiner Beziehung zu dem Sohn Gottes ist dir dein Wert sicher. In deiner Beziehung zu dem Heiligen Geist bist du kompetent, weil er unser Trost, unsere Führung und unsere Quelle der Stärke ist.

Wie wird die Gegenwart Jesu Christi in deinem Leben dir helfen, deine Bedürfnisse und die deines Partners zu erfüllen? Wie wird seine Gegenwart dir helfen, dein Selbstwertgefühl aufzubauen?

Kapitel 7

Rollen, Pflichten und Entscheidungen

Wie steht es um die Frage der Rollen und Pflichten in einer Ehe? Wer macht was und warum? Ist es seine Aufgabe oder ihre? Hängt das ab von Traditionen oder von dem, was die Gemeinde sagt? Oder ist es so, weil es in deinem Elternhaus auch so gehandhabt wurde?

Eine der Hauptursachen für Schwierigkeiten in der Ehe ist das Versäumnis, die Rolle des Ehemannes / der Ehefrau in einer Beziehung klar zu definieren. Als Paar steht ihr einer endlosen Anzahl von Tätigkeiten und Pflichten gegenüber. Jedes Paar sollte besprechen und entscheiden, wer welche Aufgabe am besten übernehmen könnte. Das elterliche Vorbild, Erwartungen eures sozialen Umfelds oder Traditionen sollten nicht maßgebend für die Zuteilung der Aufgaben sein. Wenn einer von beiden nicht oder nur bedingt die Fähigkeiten, die Ausbildung und das Temperament hat, einer festgelegten, kulturellen Norm für eine Rolle zu folgen, muss das Paar die Kraft aufbringen, seinen eigenen Stil der Zusammenarbeit zu entwickeln. Es ist unbedingt erforderlich, dass das Paar die Regeln und Richtlinien für seine Beziehung als Mann und Frau ganz bewusst und gemeinsam festsetzt. Diese klare Zuteilung von Autorität und Verantwortung bedeutet nicht, dass nun eine strenge Ordnung geschaffen wird, sondern sie lässt Flexibilität und Regeln zu, wo anderenfalls ein chaotisches Durcheinander entstehen würde.

Lasst uns einmal darüber nachdenken, wie deine Rolle als Ehefrau oder als Ehemann aussieht. Dazu vier mögliche „Modelle", was die Frau in einer Beziehung sein kann.

„Frau – wo ist dein Platz?"

Eigentum – die Frau hat im Vergleich zum Mann kaum Rechte und Privilegien. Der Mann ist der Ernährer der Familie. Oft ist die Frau einfach nur ein bewegliches Gut, das für das Sexualleben des Mannes zuständig ist.

Ergänzung – die Rechte der Frau haben zugenommen. Die Ehe ist das Hauptanliegen der Frau. Der Ehemann ist der Hauptversorger. Er hat mehr Autorität als die Frau. Sie ist ihrem Mann eine Freundin. Er hat Erfolg, und sie unterstützt ihn dabei.

Untergebene Partnerin – die Rechte der Frau nehmen zu, denn sie arbeitet ebenfalls, um Geld zu verdienen. Ihr Hauptmotiv dabei ist, den Lebensstil der Familie zu verbessern. Sie hat mehr Autorität (Rechte) als eine Frau, die nicht arbeiten geht.

Gleichgestellte Partnerin – die Frau und der Mann haben die gleichen Rechte und Pflichten.

Trag deine Initialen unterhalb der Markierung in der folgenden Skala ein, die deiner Vorstellung von der Rolle deines Partners in der Ehe entspricht. Setze dann die Initialen deines Partners an die Stelle, die er oder sie, deiner Meinung nach, markiert hat.

BESITZ	ERGÄNZUNG	UNTERGEBENE PARTNERIN	GLEICHGESTELLTE PARTNERIN

Wenn ihr beide die Skala ausgefüllt habt, tauscht die Ergebnisse untereinander aus.
Vervollständigt die folgenden Sätze und sprecht darüber.

1. Ich glaube, eine „Rolle" in einer Ehe ist ...

2. Meine Hauptrolle in der Ehe ist ...

3. Diese Vorstellung von meiner Rolle entstand, als ...

4. Die Rolle meines Partners ist ...

5. In der Ehe sollte die Frau ...

6. In der Ehe sollte der Mann ...

7. Ich kann meinem Partner am besten bei der Erfüllung seiner Rolle helfen, indem ...

Nimm ein Blatt Papier und fülle den folgenden „Vergleich der Rollenvorstellung" aus. Lies jede Aussage durch und schreib die passende Nummer auf, die angibt, was du über die einzelnen Aussagen denkst. Dann geh zurück an den Anfang und notiere die Zahlen, die dein Partner/deine Partnerin deiner Meinung nach angegeben hat. Zuletzt gebt unabhängig voneinander den Ursprung eurer Überzeugungen an - kommen sie von euren Eltern, eurer Gemeindekultur, Freunden oder sind sie deinen eigenen Vorstellungen entsprungen?

Vergleich eurer Rollenvorstellung

Was denkst du über Rollenverteilung in der Ehe? Kreise ein:

(1) ist auf jeden Fall richtig
(2) ist teilweise richtig
(3) bin mir nicht sicher
(4) stimmt eher nicht
(5) stimmt auf keinen Fall

FRAU		MANN
1 2 3 4 5	**A.** Der Mann ist das Haupt der Familie.	1 2 3 4 5
1 2 3 4 5	**B.** Die Frau sollte nicht arbeiten gehen.	1 2 3 4 5
1 2 3 4 5	**C.** Der Mann sollte regelmäßig im Haushalt helfen.	1 2 3 4 5
1 2 3 4 5	**D.** Es ist gut, wenn die Frau bei der körperlichen Liebe die Initiative ergreift.	1 2 3 4 5
1 2 3 4 5	**E.** Der Mann und die Frau sollten die Aufteilung des Haushaltsgeldes und alle Geldangelegenheiten gemeinsam planen.	1 2 3 4 5
1 2 3 4 5	**F.** Weder der Mann noch die Frau sollten ohne das Wissen des anderen etwas kaufen, das einen Betrag von € 100 übersteigt.	1 2 3 4 5

FRAU		MANN
1 2 3 4 5	**G.** Der Vater ist verantwortlich für Disziplinierungsmaßnahmen beim Kind.	1 2 3 4 5
1 2 3 4 5	**H.** Eine Frau, die ein besonderes Talent hat, sollte Karriere machen.	1 2 3 4 5
1 2 3 4 5	**I.** Es ist die Verantwortung der Frau, das Zuhause ordentlich und sauber zu halten.	1 2 3 4 5
1 2 3 4 5	**J.** Der Mann sollte zweimal im Monat mit seiner Frau ausgehen.	1 2 3 4 5
1 2 3 4 5	**K.** Die Frau ist genauso verantwortlich für die Erziehung der Kinder wie der Mann.	1 2 3 4 5
1 2 3 4 5	**L.** Gartenarbeit ist Aufgabe des Mannes.	1 2 3 4 5
1 2 3 4 5	**M.** Die Frau sollte den Kindern bestimmte Werte beibringen.	1 2 3 4 5
1 2 3 4 5	**N.** Die Kinder sollten an der Planung von Aktivitäten in der Familie beteiligt werden.	1 2 3 4 5
1 2 3 4 5	**O.** Kinder entwickeln sich besser in einem Zuhause, wo die Eltern strenge Erziehungsmaßnahmen anwenden.	1 2 3 4 5
1 2 3 4 5	**P.** Geld, das die Frau verdient, gehört ihr.	1 2 3 4 5
1 2 3 4 5	**Q.** Der Mann oder die Frau sollten mindestens einen Abend in der Woche haben, den er oder sie mit Freunden verbringt.	1 2 3 4 5
1 2 3 4 5	**R.** Die Frau sollte immer diejenige sein, die kocht.	1 2 3 4 5
1 2 3 4 5	**S.** Die Verantwortung des Mannes liegt in seinem Beruf. Die Verantwortung der Frau liegt im Zuhause und bei den Kindern.	1 2 3 4 5

Was sagt das Wort Gottes über die Rolle der Frau und über die Rolle des Mannes? Lies Epheser 5,21–33.

1. Welches Wort drückt die Verantwortung der Frau gegenüber ihrem Mann zusammenfassend aus? Vergleiche 1. Petrus 3,1.

2. Was bedeuten die Worte „wie dem Herrn“ (Epheser 5, Vers 22) in Bezug auf die Rolle der Frau?

3. Gibt es irgendwelche Grenzen, die der Unterordnung der Frau in Kolosser 3,18 und Apostelgeschichte 5,29 gesetzt werden?

4. Welche Einstellung sollte die Frau laut Epheser 5,33 gegenüber ihrem Mann haben und was bedeutet das im täglichen Leben?

5. Welche Bedeutung hat das Wort „Unterordnung“ für dich? Verfasse eine Definition.

Unterordnung bedeutet nicht, dass die Frau minderwertig ist; sie unterdrückt auch nicht ihre Fähigkeiten zur Initiative. Sie beeinträchtigt sie genauer gesagt überhaupt nicht. Lies Sprüche 31,10–31. Nimm ein Blatt Papier und zähl auf, wie die Frau in diesen Versen ihre Fähigkeiten gebraucht. Was ist die Rolle des Mannes? Ist Unterordnung überhaupt ein Teil seiner Rolle und Funktion? Was sagt Epheser 5,21 dazu?

1. Lies Epheser 5,22–33. Welche zwei Worte in diesem Abschnitt fassen die Verantwortung des Mannes zusammen? Vergleiche Vers 23 mit Vers 25. Siehe auch Philipper 2,4.

2. Welches Vorbild sollte der Mann nach außen hin geben, wenn er die leitende Rolle in der ehelichen Beziehung übernommen hat? Vergleiche Epheser 5,23 mit 1,22. Zu wessen Nutzen sollte die Rolle des Ehemannes als Haupt angesichts dieser Verse ausgeübt werden?

3. Zu wessen Nutzen wird die Herrschaft Christi ausgeübt? Vergleiche Epheser 1,22 und 5,25–27. Zu wessen Nutzen sollte die Rolle des Ehemannes als Haupt angesichts dieser Verse ausgeübt werden?

4. Auf welche Art und Weise hat Christus die Gemeinde geliebt? Bringe jedes einzelne Beispiel in Zusammenhang mit der Art, wie ein Ehemann seine Ehefrau lieben sollte.

5. In Sprüche 31,10–31 sehen wir, dass der Frau eine große Verantwortung übertragen wurde und dass sie in der Lage ist, ihre Gaben zu nutzen. Welche Gaben oder Fähigkeiten hat deine zukünftige Frau, die du nicht hast?

6. In Sprüche 31,28 und 29 lobt der Mann seine Frau und drückt ihr seine Anerkennung aus. Könnte es sein, dass das der Grund ist, warum sie so eifrig ist?

Vielleicht wird dir jetzt allmählich klar, dass in der Ehe jeder dem anderen etwas gibt und vom anderen empfängt. Die Ehe ist darauf gebaut, dass jeder eine Ergänzung des anderen ist. Dr. Dwight Small hat es folgendermaßen ausgedrückt:

„Wenn ein Mann und eine Frau sich in der Ehe vereinen, erlebt die Menschheit eine ganzheitliche Wiederherstellung. Die Ehre des Mannes liegt in dem Bekenntnis, dass die Frau für ihn geschaffen wurde; die Ehre der Frau liegt in dem Bekenntnis, dass der Mann ohne sie unvollständig ist. Die Demütigung für die Frau ist das Bekenntnis, dass sie für den Mann gemacht wurde; die Demütigung des Mannes ist das Bekenntnis, dass er ohne sie unvollständig ist. Beide teilen die gleiche Würde, Ehre und den gleichen Wert. Ja, und jeder teilt auch eine Ergebenheit gegenüber dem anderen. Jeder ist notwendigerweise abhängig vom anderen.“[18]

Dir ist wahrscheinlich schon früher aufgefallen, dass die Rolle des Mannes die eines Dieners ist. Nenne ein paar praktische Möglichkeiten, wie der Mann ein liebender, leitender Diener sein kann!

1.

2.

3.

4.

5.

6.

7.

8.

9.

10.

Entscheidungsfindung

Wer trifft die Entscheidungen in einer ehelichen Beziehung? Vielleicht geht es hier nicht um die Frage, wer es tut oder wer es tun sollte, sondern wer am besten dafür geeignet ist. Wer von beiden übt den größten Einfluss in der Beziehung aus bzw. wessen Meinung hat bei einer anstehenden Entscheidung mehr Gewicht?

Folgt den Anweisungen der nächsten Aufgabe und schreibt eure Antworten auf ein Blatt Papier. Wenn ihr mit dem Ausfüllen fertig seid, tauscht eure Zettel aus, vergleicht die Antworten und sprecht über die Ergebnisse.

Folgende wichtige Frage solltet ihr überdenken: Wird jeder von euch Entscheidungen auf dem Gebiet treffen, auf dem er oder sie am meisten begabt ist? Bekommt jeder genug Gelegenheit, das zu geben, was er oder sie auch wirklich zu bieten hat? Was ist der Grund, warum der eine oder andere den bestehenden Grad an Einfluss hat?

	IHRE STIMME	SEINE STIMME
Entscheidung über ein neues Auto		
Entscheidung über das Zuhause		
Entscheidung über Möbel		
Entscheidung über deine persönliche Kleidung		
Entscheidung über den Ferienort		
Entscheidung über die Wohnungseinrichtung		
Entscheidung über gemeinsame Freunde		
Entscheidung über Wochenendgestaltung		
Entscheidung über die Gemeinde		
Entscheidung über Erziehungsfragen		
Entscheidung über Fernsehsendungen		
Entscheidung über Mahlzeiten zu Hause		
Entscheidung über die Familienplanung		
Entscheidung über den Wohnort		
Entscheidung über den Beruf des Ehemannes		
Entscheidung über den Beruf der Ehefrau		
Entscheidung, wofür und wie das Geld ausgegeben wird		

Dein Anteil an der Entscheidungsfindung

Beschreibe, wie der Prozess der Entscheidungsfindung deiner Meinung nach in eurer Ehe aussehen wird, indem du den Anteil an Einfluss in Prozent festlegst, den du und dein Partner jeweils in den verschiedenen Bereichen habt. Insgesamt muss bei jeder Entscheidung ein Ergebnis von 100 Prozent herauskommen.

Jedes Ehepaar entwickelt bewusst oder unbewusst ein Schema, um zu Entscheidungen in der Ehe zu kommen. Viele dieser Methoden sind ineffektiv oder zwecklos. Manche führen zu anhaltenden Gefühlen von Groll. Die meisten Paare haben sich nicht überlegt, wie sie an Entscheidungen herantreten sollen.

Beantworte die folgenden Fragen und finde heraus, wie gut du den Prozess der Entscheidungsfindung schon überdacht hast.

1. Wer hat in deiner Familie die meisten Entscheidungen getroffen? Wie würde dein Partner diese Frage beantworten?

2. Habt ihr schon Richtlinien aufgestellt, die euch helfen werden, zwischen größeren und kleineren Entscheidungen zu unterscheiden? Wenn ja, welche?

3. Wie wirst du vorgehen, wenn ihr in einer Sackgasse steckt und eine Entscheidung getroffen werden muss?

4. Wie wirst du über Pflichten im Haushalt entscheiden?

5. Auf welchen Gebieten in deinem Familienleben wirst du das Recht haben, Entscheidungen zu treffen, ohne deinen Partner vorher mit einzubeziehen? Wer hat das so festgelegt, und wie seid ihr zu dieser Entscheidung gekommen?

6. Wirst du die Entscheidungen treffen, die du gerne möchtest, oder die, die dein Partner nicht treffen möchte?

7. Wirst du noch irgendein Mitspracherecht haben, wenn dein Partner etwas entscheidet? Wenn ja, auf welcher Grundlage und wie seid ihr zu dieser Entscheidung gekommen?

Wie erging es dir beim Beantworten dieser Fragen? Die meisten Paare haben diese Punkte nie durchdacht, und doch sind sie äußerst wichtig für ein Verständnis der ehelichen Beziehung.

Beantworte die folgenden Fragen und vergleiche dann deine Antworten mit denen deines Partners.

1. Ich scheue mich, Entscheidungen zu treffen, wenn ...

2. Ich habe Angst, meinen Partner Entscheidungen treffen zu lassen, wenn ...

3. Ich würde gerne Entscheidungen treffen, wenn ...

4. Ich würde die Entscheidungen gerne meinem Partner überlassen, wenn ...

5. Ich würde Entscheidungen gerne auf folgenden Gebieten treffen:

6. Ich würde meinem Partner gerne die Entscheidungen auf folgenden Gebieten überlassen:

Denke einmal über folgende Worte zur Rolle des Ehemannes und der Ehefrau bei der Entscheidungsfindung nach:

„Das Prinzip der gemeinsamen Unterordnung in der Ehe gleicht dem Muster der Unterordnung unter den Gliedern des Leibes Christi. Es gibt Zeiten in der Gemeinde, wenn es für ein Glied angemessen ist, aufgrund seiner geistlichen Gaben eine leitende Funktion über die anderen Glieder auszuüben (1. Korinther 12,14–26). Nicht eine der geistlichen Gaben gibt einem Glied aber automatisch das Recht, zu jeder Zeit als Leiter aufzutreten oder als Einziger Entscheidungen zu treffen. Nur Jesus, das Haupt, ist dazu berechtigt. Ähnlich ist das in der Ehe, in der es die gegenseitige Unterordnung gibt. Die Rolle der Führung wird nicht aufgrund eines Erlasses von Gott zugeteilt, oder nach dem Aspekt ‚männlich' oder ‚weiblich'. Zu dieser Rolle ist der Partner durch die gemeinsame Heiratsentscheidung berufen. Die Kunst einer christlichen Ehe liegt in der Verhandlung über diese Führungsrollen und in deren Zuteilung auf der Basis der Fähigkeiten beider Partner."[19]

„In der Ehe hat der Mann das Amt des Hauptes. Das bedeutet einfach, dass er die Verantwortung und die Autorität hat, beide Partner – seine Frau wie auch sich selbst – dazu anzuhalten, das Eheversprechen nicht zu brechen. Wenn er sein Amt treu erfüllt, werden sowohl er als auch seine Frau frei dazu, sie selbst zu sein. Als Haupt ist der Mann dazu berufen, bei der Überprüfung der Ehe die Übersicht zu behalten, um zu erkennen, ob sie sich entsprechend den langfristig gesetzten Zielen entwickelt.

Um es deutlich zu sagen, die Stellung als Haupt hat nichts damit zu tun, der Chef zu sein. Der Mann kann von seiner Frau nur verlangen, so zu leben, wie sie es sich beide bei der Hochzeit versprochen haben. Ebenso sollte die Frau den Mann an ihr gemeinsames Versprechen erinnern, wenn er sein Amt vernachlässigt.

Die Stellung als Haupt impliziert auch nicht Minderwertigkeit oder Überlegenheit. Vielmehr ist es ein besonderes Amt des Dienens, um das Wachstum und Gedeihen der Ehe zu sichern. Wenn der Mann das Haupt ist, bedeutet das nicht, dass er in jeder Kleinigkeit die Führung übernimmt oder entscheidet. Haben der Mann und die Frau einmal entschieden, nach welchem Lebensziel die Aktivitäten in ihrer Ehe ausgerichtet werden sollen, können sie die anstehenden Entscheidungen Tag für Tag neu treffen. Der Partner mit dem entsprechenden Talent und Temperament kann sie dann übernehmen. Die Aufgabe des Mannes besteht darin, ständig auf der Hut zu sein, damit Kleinigkeiten sich nicht zu Gewohnheiten entwickeln, die später die gesamte Ehe erschüttern."[20]

Wie wird die Gegenwart Jesu Christi dir auf dem Weg zur Entscheidungsfindung helfen und dazu beitragen, dass du deine Gaben innerhalb der Ehe entdeckst?

Kapitel 8

Freundschaft oder Stress mit der Familie - Du hast die Wahl

Du bist gerade dabei, ein/e angeheiratete/r Verwandte/r zu werden. (Dieser Begriff bezieht sich sowohl auf Kinder als auch auf Schwiegereltern.) Was bedeutet das Wort „angeheiratet" für dich? Schreib deine Definition auf und tausche dich mit deinem Partner darüber aus.

Welche Beispiele von angeheirateten Verwandten finden wir in der Bibel? Lies die folgenden drei ausgewählten Stellen und stell dir dabei die Frage: „Wie hätte ich reagiert, wenn ich in dieser Situation gewesen wäre?"

1. 1. Mose 26,34–27 und 46

2. 2. Mose 18,13–24

3. Ruth

Beschreibe die ideale Beziehung zu einem Verwandten aus deiner Perspektive. Sprich mit deinem Partner darüber.

Beschreibe, wie die ideale Beziehung zu einem Verwandten aus der Sicht deines Partners und aus der seiner Eltern nach deiner Ansicht aussieht.

Im Folgenden werden 20 der wichtigsten Fragen zum Thema angeheiratete Verwandte aufgeführt. Beantworte sie und sprich anschließend mit deinem Partner darüber.

1. 1. Mose 2,24; Matthäus 19,5; Markus 10,7 und 8 und Epheser 5,31 haben alle dieselbe Aussage. Was bedeutet das Wort *verlassen* für dich?

2. Wenn eure Eltern euch zu Anfang finanziell unterstützen würden, was könnten sie dafür als Gegenleistung erwarten?

3. Wie denken deine Eltern darüber, dass du heiraten willst?

4. Welche emotionalen Bindungen an deine Eltern beeinträchtigen deine Beziehung? Erläutere das genauer.

5. Wie, glaubst du, denken deine zukünftigen angeheirateten Verwandten über dich?

6. Was würdest du als „Einmischung" seitens deiner zukünftigen angeheirateten Verwandten betrachten?

7. Wie bist du als Kind mit deinem Vater und deiner Mutter zurechtgekommen?

8. Beschreibe deine momentane Beziehung zu deiner Mutter und deinem Vater.

9. Wie denken deiner Meinung nach deine Eltern über deinen Partner?

10. Nenne eine Eigenart, die du an den Eltern deines Partners nicht magst.

11. Welche drei Eigenarten schätzt du besonders an den Eltern deines Partners?

12. Welche Gewohnheiten in deinem Zuhause unterscheiden sich von denen im Zuhause deines Partners?

13. Beschreibe, wie und wo du dein erstes Weihnachten (oder Ostern, Pfingsten ...) verbringen willst.

14. Was hast du in der Vergangenheit getan, um deinen Eltern und auch deinen zukünftigen Schwiegereltern zu zeigen, dass sie dir wichtig sind?

15. Was hast du während der letzten zwei Wochen getan, um deine positiven Gefühle deinen Eltern und deinen zukünftigen Schwiegereltern gegenüber auszudrücken?

16. Was könntest du noch sagen oder tun, um deinen Eltern und deinen zukünftigen Schwiegereltern zu zeigen, dass sie dir wichtig sind?

17. Beschreibe, was du getan hast, um herauszufinden, welche Art von Beziehung deine Eltern oder zukünftigen Schwiegereltern von dir und deinem Partner erwarten. (Zum Beispiel, wie oft ihr sie besuchen oder anrufen sollt, wie viel sie bei der Erziehung eurer Kinder zu sagen haben usw.)

Wie kannst du dich in Zukunft in dieser Hinsicht verhalten?

18. Wie hast du in der Vergangenheit deinen Eltern oder zukünftigen Schwiegereltern bei der Erfüllung ihrer Bedürfnisse und bei der positiven Entwicklung ihres Lebens geholfen? Wie kannst du ihnen in Zukunft dabei helfen?

19. Was hast du in der Vergangenheit getan, um es deinen Eltern oder zukünftigen Schwiegereltern leichter zu machen, euch als Paar ihre Liebe zu zeigen?

Wie könntest du das in Zukunft besser machen?

20. Wie hast du in der Vergangenheit deine Eltern oder zukünftigen Schwiegereltern darin unterstützt, dass sie deine Liebe anerkennen können? Was hast du getan, um ihnen deine Liebe zu zeigen?

Denke einmal über Folgendes nach: Was würde passieren, wenn du deinen zukünftigen Schwiegereltern einen Brief schreiben solltest, in dem du ihnen mitteilst, warum du dich freust, sie als Verwandte zu haben, und in dem du ihnen dankst, dass sie dir deinen Partner anvertrauen? Das könnte enorm positive Auswirkungen auf eure zukünftige Beziehung haben!

Wie kann sich dein Christsein positiv auf die Beziehungen zu deinen Verwandten auswirken?

Kapitel 9

Kommunikation

Kommunikation ist so wichtig wie die Luft zum Atmen. Ist dir das bewusst? Es ist unmöglich, eine Beziehung zu haben, ohne miteinander zu kommunizieren. Das gilt für dich und deinen Partner genauso wie für deine Beziehung mit Gott.

Wie würdest du *Kommunikation* definieren? Was bedeutet dieses Wort deiner Meinung nach? Schreib deine Definition auf und tausch dich dann mit deinem Partner darüber aus.

Definiere nun das Wort *Zuhören* und besprich deine Antwort mit deinem Partner.

Vielleicht möchtest du an dieser Stelle einmal das Ende dieses Kapitels aufschlagen und dir unsere Definitionen von Kommunikation und Zuhören durchlesen. Wie wichtig ist Kommunikation? Denk über folgende Aussagen nach.

„Wenn es eine unentbehrliche Erkenntnis gibt, mit der ein jung verheiratetes Paar sein gemeinsames Leben beginnen sollte, dann ist es die, dass sie versuchen sollten, die Kommunikation miteinander um jeden Preis aufrechtzuerhalten."[21]

„Die Ehe ist vergleichbar mit einem großen Haus, das viele Zimmer hat. Es ist ein Geschenk für das Hochzeitspaar. Nun hoffen sie, dass sie diese Räume benutzen und sich daran erfreuen können, so, wie wir uns in den Zimmern eines komfortablen Heimes wohl fühlen. Sie sollen den vielen gemeinsamen Aktivitäten von Nutzen sein, die ihr Leben ausmachen werden. In vielen Ehen jedoch stellt sich heraus, dass die Türen verschlossen sind. Diese stehen für die Gebiete in einer Beziehung, die das Paar nicht gemeinsam erkunden kann. Jegliche Versuche, diese Türen zu öffnen, schlagen fehl und führen zu Frustration. Der passende Schlüssel kann nicht gefunden werden. So finden sich die beiden damit ab, dass sie nur einige der Räume für ihr Leben nutzen können, nämlich die, die einfach zu öffnen sind. Den Rest des Hauses mit all seinen vielversprechenden Möglichkeiten lassen sie unerforscht und unbenutzt.

Es gibt jedoch einen Generalschlüssel, mit dem jede Tür geöffnet werden kann. Er ist nicht leicht zu finden. Oder, besser gesagt, er muss von dem Paar gemeinsam geschmiedet werden, und das kann sehr schwierig sein. Es geht um die große Kunst effektiver Kommunikation in der Ehe."[22]

Wir wollen noch einen weiteren Aspekt der Kommunikation in Betracht ziehen. Durch unsere Art der Kommunikation vermitteln wir Botschaften. Jede Botschaft besteht aus drei Komponenten: der eigentliche Inhalt, der Tonfall und die nonverbalen Anteile. Verändert man den Tonfall oder die nonverbale Komponente, kann man mit denselben Worten, derselben Aussage oder derselben Frage ganz verschiedene Botschaften vermitteln. Zur nonverbalen Kommunikation gehören der Gesichtsausdruck, die Körperhaltung und die Bewegungen. Eine Art von nonverbaler Kommunikation, die man vermeiden sollte, ist zum Beispiel, sich ein Buch vor das Gesicht zu halten, während man spricht.

Die drei Komponenten der Kommunikation müssen einander ergänzen. Ein Wissenschaftler hat folgende Aufgliederung nach der Wichtigkeit der drei Komponenten vorgeschlagen.[23] Die Prozentzahlen geben an, welchen Anteil sie jeweils an der zu übermittelnden Botschaft haben.

- **Inhalt / 7 %**
- **Tonfall / 38 %**
- **Nonverbaler Anteil / 55 %**

Die Vermittlung einer Botschaft ist oft deshalb verwirrend, weil die drei Komponenten sich gegenseitig widersprechen.

Nimm dir eine Minute Zeit und denk darüber nach, wie du nonverbal kommunizierst. Notiere dann, wie dein Partner nonverbal kommuniziert.

Wenn du damit fertig bist, schreibe auf, was die nonverbale Kommunikation deiner Meinung nach für den anderen bedeutet und was die nonverbale Kommunikation deines Partners deiner Meinung nach bedeutet. Bitte deinen Partner, dasselbe zu tun. Vergleicht dann eure Antworten und sprecht darüber.

Unsere nonverbale Kommunikation und unser Tonfall sind wesentliche Bestandteile bei der Übermittlung unserer Botschaften. Wenn dir nicht klar ist, welche Wirkung dein Tonfall hat, könntest du eventuell einige deiner Gespräche mit einem Kassettenrekorder aufnehmen und dann anhören. Achte auf deinen Tonfall und worauf er schließen lässt.

Wie wirst du in den folgenden Situationen kommunizieren?

1. Es ist Samstag. Dein Partner bittet dich, etwas einzukaufen, aber du hast wirklich keine Lust. Du sagst:

2. Du versuchst gerade, im Fernsehen deine Lieblingssendung anzusehen, aber dein Partner stört dich ständig, indem er dir laufend Fragen stellt. Die Spannung der Sendung nähert sich ihrem Höhepunkt, und du möchtest nichts verpassen. Du sagst:

3. Du beschreibst deinem Partner dein aufregendstes Erlebnis des Tages. Mittendrin fängt dein Partner an zu gähnen und sagt: „Ich glaube, ich hole mir mal einen Kaffee." Du sagst:

4. Dein Partner bringt dir das Frühstück. Du stellst fest, dass das Ei zu hart ist, was du überhaupt nicht magst. Der Toast war nicht lange genug im Toaster, ist aber mit frischer Butter bestrichen, so wie du es gerne hast. Du sagst:

5. Nach dem Abendessen bittet dich dein Partner, dass du heute Abend das Geschirr abwäschst, weil er oder sie so müde ist. Du bist auch müde, und du hattest dich schon darauf gefreut, endlich zu entspannen. Normalerweise wascht ihr zusammen das Geschirr ab. Du sagst:

6. Du hast dich gerade mit einem deiner Kinder gestritten und stellst jetzt fest, dass du im Unrecht bist. Es ist nicht einfach, sich bei Familienmitgliedern zu entschuldigen, weil sie es dir dann normalerweise ständig unter die Nase reiben. Du sagst:

Was sagt das Wort Gottes zu Kommunikation? Schlag die folgenden Stellen auf und fasse jede mit einem Stichwort zusammen. Du wirst feststellen, dass die Verse in Gruppen aufgeführt sind, weil jede Gruppe ein zentrales Thema beschreibt. Versuch dieses zentrale Thema jeder Gruppe herauszufinden und schreib es zusammenfassend auf.

1. Sprüche 11,9
   Sprüche 12,18
   Sprüche 15,4
   Sprüche 18,8
   Sprüche 18,21
   Sprüche 25,11
   Sprüche 26,22
   Jakobus 3,8–10
   1. Petrus 3,10

2. Sprüche 4,20–23
   Sprüche 6,12; 14; 18
   Sprüche 15,28
   Sprüche 16,2
   Sprüche 16,23

3. Sprüche 15,31
   Sprüche 18,13
   Sprüche 18,15
   Sprüche 19,20
   Sprüche 21,28
   Jakobus 1,19

4. Sprüche 12,18
   Sprüche 14,29
   Sprüche 15,28
   Sprüche 16,32
   Sprüche 21,23
   Sprüche 26,4
   Sprüche 29,20

5. Sprüche 15,23
   Sprüche 25,11

6. Sprüche 10,19
   Sprüche 11,12–13
   Sprüche 13,3
   Sprüche 17,27–28
   Sprüche 18,2
   Sprüche 20,19
   Sprüche 21,23

7. Sprüche 17,9
   Sprüche 21,9

8. Sprüche 15,1
   Sprüche 15,4
   Sprüche 16,1
   Sprüche 25,15

9. Sprüche 12,16
   Sprüche 19,11

10. Sprüche 12,17; 22
    Sprüche 16,13
    Sprüche 19,5
    Sprüche 26,18–19
    Sprüche 26,22
    Sprüche 28,23
    Sprüche 29,5
    Epheser 4,15; 25
    Kolosser 3,9

Wir wollen nun einmal sehen, auf welche Art und Weise du kommunizierst, und herausfinden, wie viel du über deinen Partner weißt.

Stell dir vor, du führst mit einer fremden Person ein Interview. Deine Aufgabe ist, dieser Person jede beliebige Frage zu stellen über Ehe, Erfahrungen mit Verabredungen, die Kindheit, Hobbys, Vorlieben und Abneigungen, religiöse Ansichten, Selbstwertgefühl, sein oder ihr Aussehen usw. Vergiss nicht, dass du nichts über die andere Person weißt. Formuliere die Fragen so, dass sie auf keinerlei Vermutungen hinweisen, und halte deine persönlichen Ansichten heraus. Wenn du das Interview beendet hast, tauscht ihr die Rollen, und du lässt dir von deinem Partner Fragen stellen.

John Powell erklärt in seinem Buch „*Why Am I Afraid to Tell You Who I Am?*" (Warum habe ich Angst, dir zu sagen, wer ich bin?), dass wir auf fünf verschiedenen Stufen kommunizieren, die von oberflächlichen Klischees bis hin zu tiefem persönlichen Mitteilen reichen. Probleme wie Angst, Gleichgültigkeit oder ein schlechtes Selbstbild halten uns auf der oberflächlichen Stufe. Wenn wir uns von den Einschränkungen befreien können, können wir eine tiefere, bedeutendere Stufe erreichen.

Die fünf Stufen der Kommunikation sind:

Fünfte Stufe: klischeehafte Gespräche. Diese Art von Unterhaltung ist sehr gefahrlos. Wir gebrauchen Redewendungen, wie: „Wie geht es dir?" „Wo warst du im Urlaub?" „Dein Kleid gefällt mir." Diese Art von Gespräch hat nichts Persönliches an sich. Jeder bleibt sicher in Deckung.

Vierte Stufe: Tatsachen über andere erzählen. Bei dieser Art von Unterhaltung begnügen wir uns damit, das zu erzählen, was ein anderer gesagt hat, aber wir geben keinerlei persönliche Meinung dazu ab. Wir berichten über diese Ereignisse, als seien es die Sechs-Uhr-Nachrichten. Wir tratschen und schildern kleine Begebenheiten, aber wir halten es nicht für nötig, unsere persönliche Meinung zu äußern.

Dritte Stufe: Vorstellungen und Meinungen. Hier fängt die eigentliche Kommunikation an. Die Person ist bereit, aus der Reserve herauszukommen, und geht das Risiko ein, einem anderen ihre Ideen und Entscheidungen mitzuteilen. Sie ist immer noch vorsichtig. Wenn sie das Gefühl hat, dass ihre Ansichten nicht akzeptiert werden, wird sie sich wieder zurückziehen.

Zweite Stufe: Gefühle oder Emotionen. Auf dieser Stufe teilt die Person ihre Gefühle über Fakten, Vorstellungen und Meinungen mit. Sie offenbart ihre Empfindungen, die sich hinter diesen Gebieten verstecken. Wenn eine Person sich einer anderen wirklich mitteilen will, muss sie sich auf die Stufe begeben, dass sie ihre Gefühle mitteilt.

Erste Stufe: Vollständige emotionale und persönliche Kommunikation. Jede tiefe Beziehung muss gegründet sein auf absolute Offenheit und Ehrlichkeit. Es ist vielleicht nicht einfach, das zu erreichen, weil es ein Risiko in sich birgt – das Risiko, abgelehnt oder verletzt zu werden. Aber es ist lebenswichtig, wenn die Beziehung wachsen soll. Es wird Zeiten geben, wenn diese Art von Kommunikation nicht so vollständig abläuft, wie das der Fall sein sollte.[24]

Nimm dir jetzt einmal die Zeit, folgende Fragen schriftlich zu beantworten:

1. Nenne einige Gründe, warum jemand sich vielleicht nur auf der fünften oder vierten Stufe verständigen will!

2. Wann hast du am ehesten das Bedürfnis, auf der zweiten oder der ersten Stufe zu kommunizieren?

3. Auf welcher Stufe unterhältst du dich meist?

4. Auf welcher Stufe unterhält sich dein Partner meist?

5. Auf welcher Stufe kommunizierst du normalerweise mit Gott?

6. Beschreibe, wann du wirklich das Gefühl hattest, mit Gott zu kommunizieren.

Wer sich hauptsächlich auf kognitive oder gedankliche Art und Weise unterhält, setzt sich vor allem mit Fakten auseinander. Er unterhält sich gern über Themen wie Sport, Börsengeschäfte, Geld, Immobilien, Job usw. Dabei vermeidet er es, Dinge anzusprechen, die mit dem emotionalen Bereich in Berührung kommen könnten. Normalerweise fühlt er sich sehr unbehaglich, wenn er sich mit Themen auseinander setzen muss, die Gefühle hervorrufen könnten, vor allem unangenehme Gefühle wie Ärger oder Angst. Diese Personen haben oft Schwierigkeiten, ihrem Partner gegenüber warmherzig und hilfreich zu sein.

Andere kommunizieren mehr auf der Gefühlsebene. Rein faktische Gesprächsthemen langweilen sie leicht. Sie finden es wichtig, über Gefühle zu sprechen, insbesondere mit ihrem Partner. Sie sind der Meinung, dass die Atmosphäre zwischen Mann und Frau so wenig wie möglich geprägt sein darf von unangenehmen Gefühlen wie Spannungen, Ärger und Groll. Deshalb wollen sie natürlich über diese emotionalen Dinge sprechen, Konflikte mit ihrem Partner lösen, die Atmosphäre reinigen und ein angenehmes Verhältnis miteinander führen.

Selbstverständlich verhält sich keiner absolut kognitiv oder absolut emotional. Wie würdest du dich einschätzen und wie deinen Partner? Markiere auf dem unten stehenden Diagramm, wo du deiner Meinung nach stehst (1), wo sich dein Partner befindet (2) und wie dich nach deiner Ansicht dein Partner einschätzt (3).

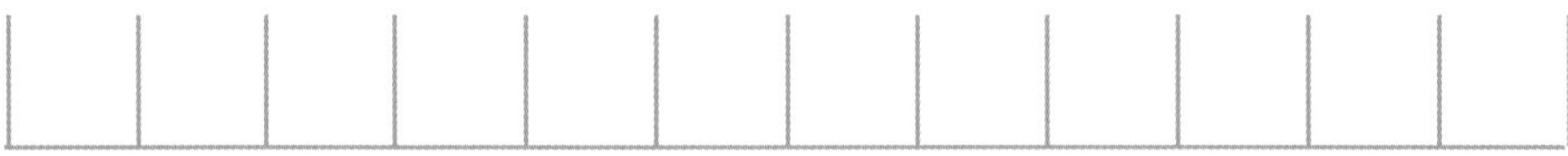

emotional **kognitiv**

Wer sich mehr auf der linken Seite der Grafik bewegt, wer sich eher gefühlsmäßig verhält, ist nicht weniger klug oder intellektuell. Diese Person ist sich einfach ihrer Gefühle mehr bewusst und ist normalerweise eher in der Lage, sie zu beeinflussen.

Erstaunlicherweise wird die so genannte kognitive Person (auf der rechten Seite) genauso von ihren Gefühlen beherrscht wie die so genannte emotionale Person. Sie merkt es nur nicht. Der steife, förmliche Intellektuelle hat auch tiefe Gefühle, aber er wendet eine enorme Energie auf, um sie unten zu halten und somit nicht durch sie gestört zu werden. Leider stören sie ihn aber doch. Immer, wenn jemand (beispielsweise eine „emotionale" Ehefrau oder ein Kind) um ihn herum ist, der seine Zuneigung oder Wärme fordert, wird er wahrscheinlich nicht in der Lage sein, darauf zu reagieren und sich ärgern, dass er in seiner Ausgeglichenheit gestört wird.[25]

Kommunikation ist ein Prozess, bei dem man sich verbal und nonverbal so ausdrückt, dass der andere das, was man mitteilen will, akzeptieren und verstehen kann.

Was ist Zuhören? Paul Tournier hat gesagt: „Wie schön, wie grandios und befreiend ist doch die Erfahrung, wenn Menschen lernen, sich gegenseitig zu helfen. Man kann nicht genug betonen, wie enorm wichtig das menschliche Bedürfnis nach wirklichem Zuhören ist. Hören Sie sich einmal die Gespräche an, die auf der ganzen Welt stattfinden, Gespräche zwischen Nationen und Gespräche zwischen Ehepartnern. In den meisten Fällen sind es Dialoge zwischen Gehörlosen."[26]

Die Bibel drückt diese Gedanken über das Zuhören folgendermaßen aus:

„Ein jeder hat zuerst in seiner Sache Recht; kommt aber der andere zu Wort, so findet sich's" (Sprüche 18,17, Luther-Übersetzung).

„Wenn der Spötter gestraft wird, so werden die Unverständigen weise, und wenn man einen Weisen belehrt, so nimmt er Erkenntnis an" (Sprüche 21,11, Luther-Übersetzung).

„Wer antwortet, bevor er überhaupt zugehört hat, zeigt seine Dummheit und macht sich lächerlich" (Sprüche 18,13, Hoffnung für Alle).

„Seid immer sofort bereit, jemandem zuzuhören; ..." (Jakobus 1,19, Hoffnung für Alle).

Was meinen wir mit Zuhören? Wenn wir einer anderen Person wirklich zuhören, dann denken wir nicht an das, was wir sagen werden, sobald der andere aufhört zu sprechen. Wir beschäftigen uns nicht mit der Formulierung unserer Antwort. Wir konzentrieren uns auf das, was gesagt wird. Zuhören bedeutet auch absolute Akzeptanz, ohne ein Urteil zu fällen über das, was gesagt wird oder wie es gesagt wird. Oft hören wir die Botschaft nicht, weil uns nicht gefällt, was wir hören, oder weil wir den Klang der Stimme nicht mögen. Wir widersetzen uns und verpassen den eigentlichen Sinn dessen, was uns mitgeteilt wird.

Wenn wir von Akzeptanz sprechen, meinen wir nicht die Übereinstimmung mit allem, was gesagt wird. Akzeptanz bedeutet zu verstehen, dass das, was die andere Person mitteilt, etwas ist, was sie fühlt. Wirkliches Zuhören bedeutet, dass wir in der Lage sein sollten, das zu wiederholen, was der andere gesagt und was er unserer Meinung nach gefühlt hat, als er es sagte.

Es ist wichtig, dass wir die Kunst der Kommunikation beherrschen. Hilfreich kann es sein, wenn ihr gemeinsam ein Buch zum Thema lest, zum Beispiel: „Die fünf Sprachen der Liebe – Wie Kommunikation in der Ehe gelingt" von Gary Chapman (Francke-Verlag).

Kapitel 10

Konflikte (oder „Wenn der Schlachtruf erklingt“)

Rechnest du mit Konflikten in deiner Ehe? Wenn nicht, könntest du eine Überraschung erleben. Konflikte sind ein Bestandteil des Lebens. Die Definition für „Konflikt“: Auseinandersetzung, Streit oder starke Meinungsverschiedenheit bei Interessen, Vorstellungen usw.

Warum gibt es Konflikte?

Die einfache Antwort darauf lautet: weil wir menschliche Wesen sind – unvollkommene Menschen, die Gott in seiner Güte trotz ihrer Fehlerhaftigkeit liebt. Jeder von uns hat seine eigenen Wünsche, seinen eigenen Willen, seine Bedürfnisse und Ziele. Sobald sich diese von denen des anderen unterscheiden, können Konflikte entstehen. Unsere Überzeugungen, Vorstellungen, Einstellungen, Gefühle und unser Verhalten werden unterschiedlich sein. Die Unterschiede selbst sind aber nicht das Problem, sondern vielmehr unsere Reaktion darauf.

Oft müssen Meinungsverschiedenheiten oder Konflikte nicht vollständig geklärt werden – beispielsweise eine Meinungsverschiedenheit über politische Ansichten. Diese Art von Konflikt könnte unbegrenzt fortgesetzt werden und darf nicht die gesamte eheliche Beziehung stören.

1. Zähle einige Themen auf, über die ihr geteilter Meinung seid und die nicht unbedingt vollständig geklärt werden müssen.

2. Was bedeutet „vollständig geklärt“ für dich?

3. Zähle einige Themen auf, über die ihr geteilter Meinung seid und die geklärt werden müssen – solche, mit denen ihr euch noch ausführlich beschäftigen müsst.

4. Wähle eines der Themen aus, für die ihr mehr Zeit braucht. Schreib eine Darstellung der Situation aus deiner Sicht auf.

5. Manche Leute haben gelernt, sich in Konflikten mit „schwerem Geschütz“ zu verteidigen. Nenne einige Waffen, die nicht fair sind:

6. Welche Auswirkung hat Ärger auf den Versuch, einen Konflikt zu lösen? Welche Auswirkung hat Ärger auf die Ehe?

Vergiss nicht, dass Ärger durch drei unterschiedliche Dinge verursacht werden kann: Verletzung, Angst und Frustration. (Auch zum Thema Ärger und Wut gibt es übrigens viele sehr hilfreiche Bücher!) Was sagen die folgenden Verse über den Umgang mit Ärger aus?

1. Psalm 37,1–11

2. Sprüche 14,29

3. Sprüche 15,1

4. Sprüche 15,28

5. Sprüche 16,32

6. Sprüche 19,11

7. Sprüche 25,28

8. Sprüche 29,11

9. Matthäus 5,43–44

10. Römer 8,28–29

11. Römer 12,19; 21

12. Galater 5,16–23

13. Epheser 4,26

14. Epheser 4,29

15. Epheser 4,32

Welche Ursachen haben Konflikte? Lies Jakobus 4,1–3.

Ein Blick auf deine Beziehung:

1. Beschreib einen Konflikt, den ihr vor kurzem hattet oder den ihr zur Zeit habt.

2. Was, glaubst du, war die Ursache für den Konflikt? Was ist dabei herausgekommen? Wie habt ihr den Konflikt beendet?

3. Was hast du getan, dass es zu diesem Konflikt kam bzw. was hast du dazu beigetragen?

4. Stell dir vor, du betrachtest den Konflikt aus der Perspektive deines Partners. Wie würde er oder sie diesen Konflikt beschreiben?

5. Wenn es noch einmal zu einem solchen Konflikt kommen würde, wie würdest du damit umgehen?

Konflikte sind ein natürlicher Teil des Wachstums in einer Beziehung. Viele Konflikte sind einfach nur Symptome für eine ganz andere Ursache. Die meisten Leute gehen nicht offen mit Konflikten um, weil sie nie gelernt haben, wie man effektiv mit ihnen umgehen kann. Andererseits sind Konflikte eine Gelegenheit, in einer Beziehung zu wachsen. Ungelöste und verdrängte Konflikte kommen immer wieder hoch und stehen dem Wachstum und einer zufriedenstellenden Beziehung im Weg.

Welche Möglichkeiten haben wir, mit Konflikten umzugehen? James Fairfield schlägt fünf Arten des Umgangs mit Konflikten vor.[27]

- **Sich zurückziehen**
- **Sich durchsetzen**
- **Nachgeben**
- **Einen Kompromiss schließen**
- **Lösen**

Die erste Möglichkeit ist, *sich zurückzuziehen*. Wenn du dahin tendierst, dass du einen Konflikt als hoffnungslose Unabwendbarkeit betrachtest, dann wirst du gar nicht erst versuchen, ihn zu klären. Du ziehst dich vielleicht körperlich zurück, indem du die Szene verlässt, oder du ziehst dich in dich selbst zurück.

Wenn du das Gefühl hast, dass du dich immer um deine eigenen Interessen kümmern musst oder dass dein Selbstbild durch einen Konflikt bedroht wird, entscheidest du dich vielleicht dafür, *dich durchzusetzen*. Was es auch kosten mag, du musst dich durchsetzen! Bei dieser Art kommt gewöhnlich dein Wunsch ans Licht, zu gewinnen; persönliche Beziehungen stehen an zweiter Stelle.

Eine andere Möglichkeit ist, „um des lieben Friedens willen" *nachzugeben*. Es gefällt dir vielleicht nicht, aber bevor du eine Konfrontation riskierst, entscheidest du dich lieber für den Weg des geringsten Widerstandes.

„Kleine Eingeständnisse für kleine Zugeständnisse" nennt man „*Kompromisse schließen*". Du denkst vielleicht, dass es wichtig ist, einige deiner Forderungen oder Vorstellungen zurückzunehmen, um dem Partner ein Entgegenkommen zu erleichtern. Du möchtest nicht jedes Mal als Sieger hervorgehen, aber du möchtest auch nicht immer nachgeben.

Vielleicht entscheidet ihr euch aber auch für die „*Lösung der Konflikte*". Bei dieser Art des Umgangs mit Konflikten wird eine Situation, eine Einstellung oder eine Eigenschaft durch offene und direkte Kommunikation angepackt und verändert.

1. Wähle eine Art aus, wie du gewöhnlich mit Konflikten umgehst.

2. Wähle die Art aus, wie dein Partner gewöhnlich mit Konflikten umgeht.

3. Beschreibe eine Situation, in der du dich aus einem Konflikt zurückgezogen hast.

4. Beschreibe eine Situation, in der du dich in einem Konflikt durchgesetzt hast.

5. Beschreibe eine Situation, in der du in einem Konflikt nachgegeben hast.

6. Beschreibe eine Situation, in der du in einem Konflikt Kompromisse gemacht hast.

7. Beschreibe eine Situation, in der du einen Konflikt gelöst hast.

8. Beschreibe, wie jede Lösung sich auf die Gefühle des anderen dir gegenüber ausgewirkt hat.

   Rückzug:

   Durchsetzen:

   Nachgeben:

   Kompromiss:

   Lösung:

9. Wie hast du dich selbst in jeder dieser Situationen gefühlt?

Rückzug:

Durchsetzen:

Nachgeben:

Kompromiss:

Lösung:

10. Hat das Ergebnis in den einzelnen Fällen mit der Zeit eine friedlichere Atmosphäre geschaffen?

Welche Art hat Jesus gewählt? Welche Arten des Umgangs mit Konflikten finden wir in der Bibel? Nimm dir ein paar Minuten Zeit und lies die folgenden Berichte über Konflikte durch. Versuch die einzelnen Vorgehensweisen zu bestimmen. Notier die verschiedenen Möglichkeiten, die dir auffallen.

1. 1. Mose 4

2. 1. Samuel 20,30–34

3. Matthäus 15,10–20

4. Markus 11,11–19

5. Lukas 23,18–49

6. Johannes 8,1–11

7. Johannes 11,11–19

Vielleicht fragst du dich, welche Art des Umgangs die Beste ist. „Was ist das Beste für die Ehe?“

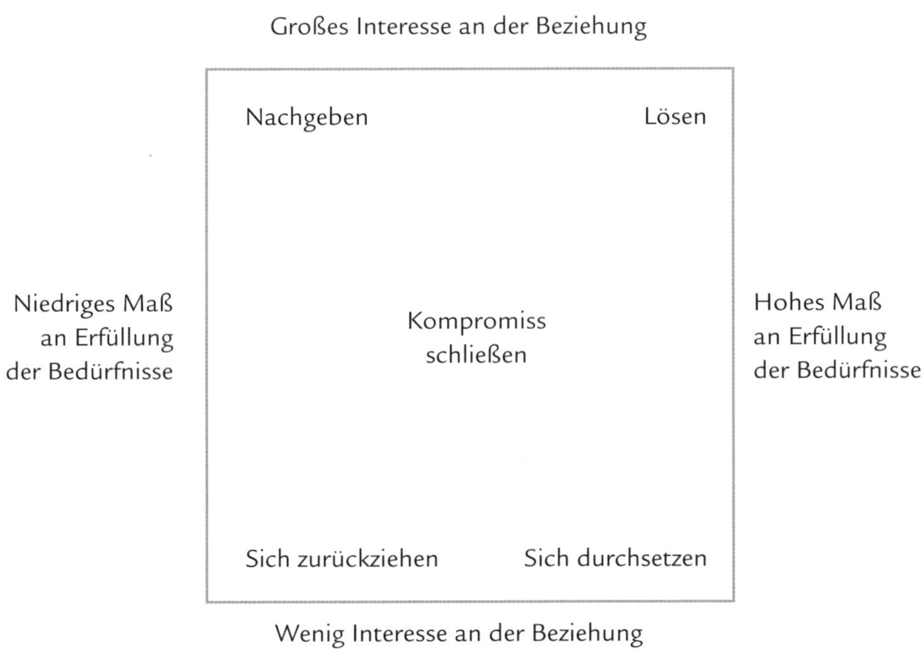

Wie du aus dem Diagramm ersehen kannst, hat das *Zurückziehen* den niedrigsten Stellenwert, weil die Person es aufgegeben hat, Ziele zu erreichen und die Beziehung weiterzuentwickeln. Die Beziehung ist stillgelegt. Wenn diese Möglichkeit vorübergehend angewandt wird, um einen besänftigenden Schritt in Richtung *Lösung* zu gehen, dann kann sie nützlich sein. Es kommen vielleicht Zeiten, wenn die Diskussionen so erhitzt und außer Kontrolle sind, dass es am besten ist, sich zeitweise zurückzuziehen. Aber es ist wichtig, eine klare und eindeutige Verpflichtung einzugehen, den Konflikt auszudiskutieren und zu lösen.

Bei der Methode, *sich durchsetzen* zu wollen, wird zwar das Ziel erreicht, es kann jedoch bedeuten, dass die Beziehung geopfert wird. In einer Familie sind persönliche Beziehungen wichtiger als das Ziel.

Das *Nachgeben* funktioniert genau anders herum. Es sorgt dafür, dass die Beziehung erhalten bleibt, die Ziele jedoch werden geopfert.

Beim *Kompromisse schließen* wird zwar versucht, einige Probleme zu lösen, aber die dazugehörigen Verhandlungen könnten bedeuten, dass dabei einige deiner eigenen Werte zu Schaden kommen. Wenn du beispielsweise grundlegende Überzeugungen hast, wie die jungen Männer sein sollten, die mit deiner Tochter ausgehen, und du anfängst, um des lieben Friedens willen Kompromisse in deinen eigenen Standards zu schließen, was hättest du davon?

Natürlich hat den höchsten Wert oder ist die beste Methode die *Lösung*, denn letzten Endes werden Beziehungen gestärkt, wenn du versuchst, persönliche Bedürfnisse zu befriedigen.

Wie können wir dann Konflikte lösen? Denke einmal darüber nach, folgende Prinzipien auszuprobieren und anzuwenden:

1. Wenn ein Konflikt entsteht, hör dem anderen aufmerksam zu, anstatt zu verlangen, dass er dir zuhört (siehe Sprüche 18,13 und Jakobus 1,19). Jede Veränderung, die eine Person bei einer anderen sehen möchte, muss angehört und verstanden werden.

2. Such dir den passenden Zeitpunkt aus. „Jeder freut sich, wenn er treffend zu antworten weiß – wie gut ist ein wahres Wort zur rechten Zeit!“ (Sprüche 15,23, Hoffnung für Alle)

3. Stell fest, was das Problem ist. Was ist nach deiner Ansicht das Problem, wie würde dein Partner es beschreiben?

4. Stell fest, in welchen Bereichen des Konflikts ihr übereinstimmt und wo ihr geteilter Meinung seid.

5. Jetzt kommt der schwierigste Teil. Einige Konflikte werden möglicherweise nur von einer Person verursacht, aber zu den meisten tragen beide Seiten ihren Teil bei. Überleg dir, was du zu dem Problem beigetragen hast. Wenn du selbst einige Verantwortung für ein Problem übernimmst, sieht der andere deine Bereitschaft zur Zusammenarbeit und ist wahrscheinlich viel offener für die Diskussion.

6. Der nächste Schritt ist, eine positive Aussage darüber zu machen, wie du mit deinem Verhalten die Situation ändern könntest, und klar zu machen, dass du bereit bist, die Meinung des anderen anzuhören. Wenn er sie dir mitteilt, sei offen für seine Gefühle, Beobachtungen und Vorschläge. Pass auf, dass du nicht immer gleich in die Defensive gehst!

Lies die folgenden Stellen in der Bibel. Welche Aussage treffen diese Verse?

1. Sprüche 13,18

2. Sprüche 23,12

3. Sprüche 25,12

4. Sprüche 28,13

Wie wird die Gegenwart Jesus Christi dir helfen, mit Konflikten umzugehen?

Kapitel 11

Finanzen

Geld! Man braucht Geld, um das Essen und die Miete, die Versicherung und die Einkäufe zu bezahlen. Wenn du heiratest, musst du vielleicht deine Einstellung zum Geld und deinen früheren Lebensstil ändern. Finanzielle Probleme können zu einer großen Belastung für eine Beziehung werden. Die folgenden Aufgaben sollen dir helfen herauszufinden, was dir in Bezug auf Finanzen wichtig ist, und dich bei der Aufstellung einiger realistischer Pläne unterstützen.

Als Erstes wollen wir einmal feststellen, wie gut du die heutigen Preise verschiedener Artikel im Kopf hast.

„*Wie viel* hast du dafür bezahlt?"

Die geheimen Gedanken eines Ehemannes: „Ich kann einfach nicht verstehen, warum meine Frau nie genug Geld hat. Wenn ich das Einkaufen übernehmen würde, würde alles viel besser laufen, und wir könnten noch Geld beiseite legen."

Eine Frau grübelt: „Ich weiß nicht, warum mein Mann sagt, dass er nicht öfter mit mir zum Essen ausgehen kann. Er hat doch gar nicht so viele Ausgaben."

Gibst du zu, dass du gelegentlich auch so denkst? Du hast jetzt die Chance zu beweisen, wie gut dir die finanziellen Probleme bekannt sind, denen dein Partner von Tag zu Tag gegenüberstehen wird. Dieses Quiz ist in zwei Abschnitte aufgeteilt, von denen jeder Partner eines beantworten muss. Jeder von euch soll die Kosten von achtzehn Artikeln oder Dienstleistungen schätzen, die der andere voraussichtlich bezahlen muss. Hier sind die Regeln:

Die Frauen stellen ihrem zukünftigen Mann die Fragen, die mit „an die Männer" überschrieben sind. Die Männer nehmen die Fragen mit der Überschrift „an die Frauen". Dabei ist es in einigen Fällen gestattet, anstatt der geschätzten Kosten einen variablen Preis anzugeben.

Gib für jede richtige Antwort vier Punkte. Sei nicht zu streng. Bewerte die Antwort deines Partners als richtig, wenn sie nicht mehr als zehn Prozent vom tatsächlichen Betrag abweicht.

Ihr könnt natürlich anschließend die Punkteanzahl vergleichen. Aber darum geht es nicht bei dem Quiz. Es soll einfach nur dein Verständnis für die Ausgaben deines Partners aufzeigen. Und vielleicht wirst du durch das Quiz eine Lektion lernen: Meckere nicht über die Einkaufsgewohnheiten des anderen, bevor du nicht weißt, wovon du sprichst.

Welchen Betrag müsstest du für die folgenden Dinge bezahlen?

AN DIE MÄNNER	AN DIE FRAUEN
1. Bürokleidung für die Frau	1. Bürokleidung für den Mann
2. Ein Haarschnitt (ggf. mit Dauerwelle)	2. Ein Haarschnitt
3. Lebensmittel für eine Woche für zwei Personen	3. Lebensmittel für eine Woche für zwei Personen
4. Zwei Karten für ein Fußballspiel oder für ein Konzert	4. Zwei Karten für ein Fußballspiel oder für ein Konzert
5. Monatliche Kosten für sportliche Aktivitäten (Fitnessstudio, Kleidung, etc.)	5. Monatliche Kosten für sportliche Aktivitäten (Fitnessstudio, Kleidung, etc.)
6. Ein Ölwechsel	6. Eine große Inspektion fürs Auto
7. Schminkzubehör	7. Rasierzubehör
8. Eine Regenjacke für Damen	8. Eine Regenjacke für Herren
9. Ein Paar Nylonstrümpfe	9. Ein Paar Männersocken
10. Ein Paar Jeans für Kinder	10. Ein Paar Jeans für Kinder

AN DIE MÄNNER	AN DIE FRAUEN
11. Ein Set mit 8 Gläsern	11. Ein Set mit 8 Gläsern
12. Eine Handtasche für Frauen	12. Ein Portemonnaie für den Mann
13. Eine Garnitur Bettwäsche	13. Eine Garnitur Bettwäsche
14. Neue Skier	14. Ein gutes Trekkingrad
15. Eine Stehlampe fürs Wohnzimmer	15. Eine zwei Meter hohe Aluminiumleiter
16. Eine gute Bratpfanne	16. Eine gute Bratpfanne
17. Eine Personenwaage fürs Bad	17. Eine Personenwaage fürs Bad
18. Ein gebrauchter Mittelklassewagen	18. Ein gebrauchter Mittelklassewagen

Finanzielle Ziele

Geld und Kontrolle
Geld kann als Machtmittel benutzt werden. Man kann damit andere manipulieren. Es kann auch ohne ersichtlichen Grund die Ursache für einen Vertrauensverlust werden. Zum Beispiel kann ein Partner sein Misstrauen zeigen, indem er alle Kassenzettel und Rechnungen des anderen überprüft. Auf diese Weise sollte man keine Ehe antreten.

Geld kann der Maßstab für deinen Status sein
Geld kann auch als Maßstab für den Status oder den Selbstwert genommen werden. Man nennt das „mit den Nachbarn mithalten können". Es ist die Art, wie manche Leute ihre Identität definieren. Wahrscheinlich kannst du es dir gar nicht leisten, ein solches Spiel zu spielen. Es gibt dir nicht das, was du wirklich willst, und es kostet eine Menge Geld.

Das Problem!
Der Mensch mit Kaufzwang – das ist jemand, der auf zwanghafte Art und

Weise übermäßig viel Geld ausgibt. Es ist nicht der Typ, der vorsichtig seine Einkäufe tätigt, sondern es geht um eine unkontrollierbare, impulsive Kaufsucht. Sieh dir einmal den folgenden Test zu diesem Problem an.

Einkaufsquiz

(N = nein; G = gelegentlich; O = oft; SO = sehr oft)

_______ Einkaufen ist für mich die beste Art der Unterhaltung.
Ich werde nervös, wenn ich längere Zeit nicht einkaufen gehe.

_______ Wenn ich einkaufe, brauche ich nicht zu reden, zu fühlen oder mich mit den unangenehmen Realitäten des Lebens auseinander zu setzen.

_______ Ich streite mit anderen über meine Einkaufsgewohnheiten und über meine Ausgaben.

_______ Ich kaufe immer wieder Dinge, die ich weder brauche noch wirklich haben möchte.

_______ Es gibt mir ein Hochgefühl, wenn ich nur ans Einkaufen denke.

_______ Ich mache mir Sorgen darüber, wie oft ich einkaufen gehe, aber ich kaufe trotzdem weiter ein.

_______ Meiner Familie mache ich vor, dass ich nur wenige Sachen kaufe, oder ich verstecke diese vor ihnen.

_______ Ich kaufe mir Kleidungsstücke, die noch nicht einmal zu meinem Lebensstil passen, und brauche sie, wenn überhaupt, nur selten.

Was sind deine finanziellen Ziele und Prioritäten?

Zähle in der Reihenfolge der Wichtigkeit fünf Gebiete auf, für die du laufend Geld bräuchtest:

1.)

2.)

3.)

4.)

5.)

Wenn dir jemand € 10.000 schenken würde, wie würdest du sie verwenden?

1.)

2.)

3.)

4.)

5.)

Wie würde dein Partner sie verwenden?

1.)

2.)

3.)

4.)

5.)

Finanzieller Familienhintergrund

1. Welche der folgenden Aussagen beschreibt, was du als Heranwachsende/r über Geld gedacht hast?

   - ❑ Ich war mir immer sicher, dass genug Geld vorhanden ist für das, was ich brauchte oder was ich mir sehr dringend wünschte.
   - ❑ Ich war mir nie sicher, ob meine Eltern genug Geld hatten, um mir das zu kaufen, was ich wollte oder brauchte.
   - ❑ Ich hatte immer das Gefühl, dass ich weniger besaß als meine Freunde.
   - ❑ Ich hatte das Gefühl, dass die Leute um mich herum dem Geld zu viel Bedeutung schenkten.
   - ❑ Es war mir peinlich, dass ich als „reiches Kind" bezeichnet wurde.
   - ❑ Ich wusste, dass ich später einmal viel Geld haben wollte.
   - ❑ Sonstiges:

2. Welche der folgenden Aussagen beschreibt, was dein Partner deiner Meinung nach als Heranwachsender über Geld gedacht hat?

   - ❑ Mein Partner war sich immer sicher, dass seine Bedürfnisse und Wünsche finanziell abgedeckt werden konnten.
   - ❑ Mein Partner war sich nie sicher, ob seine Bedürfnisse und Wünsche finanziell erfüllt werden konnten.
   - ❑ Mein Partner hatte immer das Gefühl, dass er weniger Geld hatte als seine Freunde.
   - ❑ Mein Partner war der Meinung, dass die Leute um ihn herum Geld zu wichtig nahmen.
   - ❑ Meinem Partner war es peinlich, als „reiches Kind" bezeichnet zu werden.
   - ❑ Mein Partner wusste, dass er später einmal viel Geld haben wollte.
   - ❑ Sonstiges:

3. Wie werden diese Verhaltensmuster deine eheliche Beziehung beeinflussen?

Lies die folgenden Bibelstellen, um herauszufinden, wie man nach Gottes Maßstäben Geld erwerben, betrachten und ausgeben sollte. Nenn die Prinzipien, die du aus jedem Abschnitt ableiten kannst.

1. 5. Mose 8,17–18
2. 1. Chronik 29,11–12
3. Sprüche 11,24–25
4. Sprüche 11,28
5. Sprüche 12,10
6. Sprüche 13,11; 14,23
7. Sprüche 13,18–22
8. Sprüche 15,6
9. Sprüche 15,16–17; 22
10. Sprüche 15,27
11. Sprüche 16,8
12. Sprüche 16,16
13. Sprüche 20,4; 14; 18
14. Sprüche 21,5–6
15. Sprüche 21,20; 25–26
16. Sprüche 22,1; 4:7
17. Sprüche 23,1–5

18. Sprüche 24,30-34

19. Sprüche 27,23-24

20. Sprüche 28,6; 22

21. Sprüche 30,24-25

22. Prediger 5,10

23. Prediger 5,19

24. Matthäus 6,19-20

25. Matthäus 17,24-27

26. Lukas 6,27-38

27. Lukas 12,13-21

28. Römer 13,6-8

29. Epheser 4,28

30. Philipper 4,11-19

31. 2. Thessalonicher 3,7-12

32. 1. Timotheus 6,6-10

33. 1. Timotheus 6,17-19

34. Hebräer 13,5

Hast du dir jemals überlegt, wie viel Vermögen du hast? Wir wollen es anhand des folgenden Arbeitsblatts herausfinden. Vielleicht wirst du überrascht sein.

Wie hoch ist dein Vermögen?[28]

VERMÖGENSWERT (ZUM EINKAUFSPREIS)	
Bargeld (Girokonto, andere Konten, Ersparnisse)	€ ....
Vermögensanlagen	
Kurz- und mittelfristige Geldanlagen,	
z. B. Aktienfonds	€ ....
Vermögenswirksame Leistungen	€ ....
Bausparverträge	€ ....
Langfristige Geldanlagen	
z. B. Lebensversicherungen	€ ....
Rentenversicherungen	€ ....
Wohnhaus/Eigentumswohnung	€ ....
Anderes Vermögen	€ ....
Gesamtes angelegtes Vermögen	**€ ....**
Persönlicher Besitz	
Möbel	€ ....
Autos	€ ....
Sammlungen	€ ....
Sonstiges	€ ....
Gesamter persönlicher Besitz	**€ ....**
GESAMTVERMÖGEN	
SCHULDEN	
Abgesicherte Kredite	
Hypotheken und Grundschulden	€ ....
Leasingkosten für Fahrzeug(e)	€ ....
Schuldscheine und Treuhandverträge	€ ....
Lebensversicherungsbeiträge	€ ....
Sonstiges	€ ....
Gesamtbetrag der abgesicherten Kredite	**€ ....**
Nicht abgesicherte Schulden	
Kontoüberziehung	€ ....
Fällige Rechnungen	€ ....
Privatdarlehen	€ ....
Sonstiges	€ ....
Gesamtbetrag der nicht abgesicherten Schulden	**€ ....**
GESAMTSCHULDEN	**€ ....**
– GESAMTVERMÖGEN	€ ....
= GESAMTSCHULDEN GESAMTER NETTOWERT	€ ....

Was ihr bei der Haushaltsplanung beachten solltet

1. Plant euren Haushalt gemeinsam. Verabredet einen bestimmten Zeitpunkt, an dem ihr euch zusammensetzt und euch beratet. Trefft die Entscheidungen gemeinsam. Zahlen und Pläne sollten euch beiden bekannt sein.

2. Definiert eure finanziellen Ziele. Haltet sie euch bei der Planung immer vor Augen. Macht euch eine klare Vorstellung davon, warum diese Planung notwendig ist.

3. Stürzt euch nicht in irgendwelche Ausgaben, bevor ihr nicht wisst, wie viel ihr wofür ausgebt. Schreibt über mehrere Wochen hinweg eine genaue Aufstellung eurer Ausgaben auf, bevor ihr an eurem Haushaltsplan arbeitet. Wenn du nicht weißt, wo dein Geld hingeht, kannst du auch nicht vernünftig entscheiden, wohin es gehen sollte.

4. Denkt euch nicht immer wieder neue Untergruppierungen der Haushaltsplanung aus. Gebraucht euren gesunden Menschenverstand und überlegt, wie ihr Dinge klären und einordnen könnt. Berücksichtigt dabei die Ausgabegewohnheiten der einzelnen Familienmitglieder.

5. Verteilt euer Geld entsprechend den Bedürfnissen („Was brauchen wir dringend für unser gemeinsames Leben?") und Wünschen („Was könnte unser Leben bereichern, ist aber nicht unbedingt notwendig?") der Familie. Seht dabei nicht darauf, wie andere Leute ihr Geld ausgeben. Nehmt den Durchschnittsverbrauch, traditionelle Erfahrungen und Ratschläge von außerhalb nur als groben Anhaltspunkt. Gebt eure speziellen Bedürfnisse und Wünsche an:

   Bedürfnisse

6. Macht euch vorher Gedanken. Zieht keine voreiligen Schlüsse, wenn ihr Haushaltsbeträge aufteilt, kürzt oder angleicht. Lasst nicht zu, dass nüchterne Urteile für euer Wunschdenken geopfert werden. Hat es den Anschein, dass eine Ausgabe zu hoch bemessen ist? Findet heraus, ob das wirklich so ist oder warum sie so viel kostet, bevor ihr sie ganz streicht. Wenn ihr versucht, an bestimmten Stellen zu sparen, um dadurch mehr Geld für andere Dinge zur Verfügung zu haben, setzt dabei den Rotstift nicht willkürlich an. Bevor ihr einen Artikel streicht, erklärt genau, welche speziellen Artikel ihr aus vergangenen Einkäufen reduzieren oder ganz weglassen könntet.

7. Nehmt alle Kreditkarten – bis auf eine für Notfälle – aus eurem Geldbeutel. Gebt doppelte Visa- und Masterkarten zurück. Benutzt sie nicht als Finanzierungsmittel für euer tägliches Leben.

8. Bezahlt nicht alles einfach mit EC-Karte. Rechnet aus, was ihr in einer Woche für Mittagessen, Zeitungen und Zeitschriften, Lebensmittel, Reinigungsmittel und Wäsche braucht. Holt dann diesen Betrag in bar von der Bank und verbraucht nicht mehr für die Ausgaben dieser Woche. Werdet euer eigener Banker und lernt, „nein“ zu sagen. Plant auch die Rechnungen mit ein, die ihr per Überweisung bezahlt.

9. Plant größere Ausgaben im Voraus. Ihr könnt mit mehreren großen, unregelmäßigen Ausgaben im Laufe des Jahres rechnen – Steuern, Versicherung, Urlaubsrechnungen, Reparaturen usw. Bedenkt diese Ausgaben schon vorher und legt jeden Monat einen bestimmten Betrag zurück, um diese Kosten decken zu können, wenn sie anfallen. Wenn ihr das nicht im Voraus organisiert, kann das euren Haushaltsplan schnell in ein Chaos verwandeln, von dem ihr euch vielleicht nie wieder erholt.

10. Ihr müsst wissen, wer wofür verantwortlich ist. Jedes Mitglied der Familie sollte seinen oder ihren finanziellen Verantwortungsbereich kennen.

11. Probiert mehrere Möglichkeiten aus. Schreibt euch zwei Monate lang jeden Cent auf, den ihr ausgebt. Wenn ihr euch bei der Arbeit Süßigkeiten aus dem Automaten holt, schreibt es auf. Wenn ihr eine Überweisung schreibt, notiert das in eurem Buch. Geht am Ende jedes einzelnen Monats die Ausgaben noch einmal durch und markiert sie entweder mit „NUN" für „nicht unbedingt notwendig" oder mit „W" für „wesentlich". Die Herausforderung besteht darin, dass ihr die Ausgaben streicht, die nicht unbedingt notwendig sind und/oder die ihren Preis am wenigsten wert sind.

12. Abgesehen von dem obigen Experiment, geht nicht jeder Ausgabe genau nach. Jedes Familienmitglied sollte den ihm zugeteilten Betrag so ausgeben können, wie es möchte, ohne es in dem Haushaltsbuch genau eintragen zu müssen. Macht kein Gesetz daraus, dass jeder eine Liste über die Dinge führt, für die er Geld ausgegeben hat. Verlangt keine detaillierten Aufstellungen und Zusammenfassungen voneinander.

13. Vermischt eure Finanzen nicht. Stellt ein eindeutiges System auf, wie ihr euer Gehalt aufteilt. Ein Sparkonto ist eine gute Möglichkeit. Ihr legt bei jeder Auszahlung eine bestimmte Summe zurück, um unvorhergesehene Kosten zu decken, und führt eine Aufstellung, wie viel wofür vorgesehen ist. Auf diese Weise werdet ihr nicht mehr ausgeben, als ihr für jeden Haushaltsartikel zugeteilt habt.

14. Betrügt nicht eure Haushaltsplanung. Wenn euer Etat zum Beispiel zeigt, dass ihr euch diesen Monat keine neue Skiausstattung leisten könnt, dann kauft sie auch nicht. Zahlungen dieser Art sollten immer in die nächste Monatsplanung einbezogen werden. Ansonsten werdet ihr feststellen, dass ein großer Teil eures Geldes aufgrund solcher Einkäufe schon aufgebraucht ist.

15. Nutzt staatliche Vergünstigungen für Vermögensanlagen. Das können beispielsweise vermögenswirksame Leistungen (VWL) und die Wohnungsbauprämie sein. Nehmt eventuelle Angebote eures Arbeitgebers für Betriebsrenten an, um eure Altersversorgung aufzubauen.

16. Tragt nicht zu viel Bargeld mit euch herum. Ihr werdet dazu neigen, es auch auszugeben. Geldautomaten sind für viele Menschen ein bequemes Mittel geworden, um spontan an Geld zu kommen. Versucht, nur dann zum Geldautomaten zu gehen, wenn ihr es wirklich geplant habt, und nicht, um noch einmal „halt so" € 100 abzuheben. Eine Ausnahme mag sein, wenn ihr euch in einer Notsituation befindet. Aber rennt nicht einfach zum Automaten, nur, um noch schnell einen nicht eingeplanten Artikel zu kaufen, den ihr in der Nähe gesehen habt.

17. Vermeidet wenn möglich Einkäufe im Einzelhandel. Es gibt keinen Grund, unverschämt hohe Preise für Einzelhandelsprodukte zu zahlen, wenn Großmärkte, die nicht weiter als 30 Minuten entfernt sind, weitaus bessere Preise anbieten. Informationen, wo es diese Großmärkte gibt, könnt ihr euch überall beschaffen.

18. Wenn ihr merkt, dass ihr mit eurem Haushaltsgeld knauserig werdet, macht hier und da ein paar Zugeständnisse, um einen Ausgleich zu schaffen. Haltet eure Planung nicht zu starr und unflexibel. Eine allzu gnadenlose Haushaltsplanung macht bald verdrießlich, wenn nicht komplett rebellisch. Eine gute Regel für die Einschätzung ist, wenn ihr euch jeweils im Januar und im Juli euren Etat anseht, um sicherzustellen, dass er realistisch ist und euch Nutzen bringt.

UND ... gebt nicht bei der ersten Gelegenheit gleich auf. Haushaltspläne funktionieren selten auf Anhieb. Macht weiter, seht euch noch einmal alles an, versucht es von neuem. Werft nicht gleich das Handtuch. Wenn ihr nicht sofort Erfolg habt, wisst ihr, was ihr zu tun habt!

Wenn ihr euren Haushalt plant, vergesst dabei nicht einen Punkt: „Bereicherung für das Eheleben". Den Betrag hierfür, es könnten € 50 bis € 250 im Jahr sein, legt ihr zurück für die Bereicherung eurer ehelichen Beziehung. Ihr könnt ihn für Bücher ausgeben, die ihr zusammen lest, für CDs, die ihr zusammen hört, für gemeinsame Wochenenden, besondere Abendessen etc. Wenn ihr das tut und das als Ziel plant, solltet ihr in der Lage sein, die Qualität eures Ehelebens aufzubauen, die ihr zu diesem Zeitpunkt erstrebt. Aber es geschieht nicht von selbst! Man muss es planen und daran arbeiten.

Wie wird die Gegenwart Jesus Christi in deinem Leben dir bei dem finanziellen Aspekt deines Ehelebens helfen?

Kapitel 12

Sex in der Ehe

Die Bibel spricht von vier bestimmten Zielen des menschlichen Sexuallebens: Fortpflanzung, Entspannung, Kommunikation und „Freisetzung".

Sieh nach, was Gottes Wort über jede dieser Absichten aussagt, indem du die folgenden Bibelverse liest und die Fragen dazu beantwortest.

Fortpflanzung. Lies 1. Mose 1,28 und 5. Mose 7,13–14. Inwiefern zeigen diese Verse, dass Sex zur Fortpflanzung ein Teil von Gottes Plan ist?

Lies Psalm 127,3 und Psalm 139,13–15. Welche Einstellung zur menschlichen Sexualität und Fortpflanzung kannst du in diesen Versen entdecken?

Entspannung und Freisetzung. Lies das Hohelied 4,10–12 und Sprüche 5,18–19. Überrascht es dich, dass die Bibel tatsächlich zum Vergnügen und zur sinnlichen Freude am Sex ermutigt?

Lies noch einmal Sprüche 5,18–19 und achte auf die poetische Sprache, die der Schreiber benutzt, wenn er von sexuellen Energien, Trieben und Abläufen spricht. Ein beliebtes Symbol für Sex in der gesamten Bibel ist *Wasser* – Brunnen, Ströme, Zisternen, Quellen usw. Kannst du der Aussage in Sprüche 5,18–19 zustimmen, wo der Mann und die Frau ermutigt werden, gemeinsam ins Bett zu gehen, um die sexuellen Freuden zu erleben? Oder bist du anderer Meinung? Erkläre die Gründe, warum du dafür oder dagegen bist:

Kommunikation. Lies 1. Mose 2,24. Idealerweise bedeutet das „ein Fleisch werden“, von dem in diesem Vers gesprochen wird, die Verbindung von Geist, Seele und Leib - dein gesamtes Sein - mit deinem Partner. Lies den folgenden Abschnitt, der eine noch vollständigere Erklärung für die Vorstellung des „ein Fleisch Werdens“ gibt. Beantworte anschließend die Fragen am Ende des Abschnitts.

Nach dem Plan Gottes sollte Sex ein Mittel sein, um sich seinem Partner völlig offen zu zeigen, seine Energien und tiefsten Empfindungen, Hoffnungen und Träume dem anderen gegenüber zum Ausdruck zu bringen. Sex ist eine Möglichkeit, sich selbst dem anderen zu schenken und dafür das gleiche Geschenk vom anderen zurückzubekommen; es ist ein Mittel, dem anderen zu sagen „Ich liebe dich.“ Kurz gesagt, Sex wird zu einer Art Kommunikation, eine Möglichkeit, sich gegenseitig ‚kennen zu lernen‘.

Welchen Einfluss haben Erfahrungen im Alltag auf die sexuelle Nähe und Kommunikation? Wie können sie die Fähigkeit eines Mannes oder einer Frau beeinflussen, sich dem anderen hinzugeben?

1. Was war die erste Frage zum Thema Sex, die du deines Wissens deinen Eltern gestellt hast? Was haben sie geantwortet?

2. Wie (durch Eltern, Freunde, Bücher) hast du zuerst die grundlegenden Fakten (oder Gerüchte) über Sex erfahren? Kannst du dich irgendwie daran erinnern, wie du dich gefühlt hast, als du diese Information erhalten hast?

3. Hattest du als Kind jemanden, dem du deine Fragen über Sex stellen konntest? Wer war es? Warum konntest du gerade mit dieser Person darüber sprechen?

4. Das Wort Sex bedeutet ...

5. In der Ehe bedeutet Sex ...

6. Nenne zwei Beschreibungen, die deine Gefühle zum Sex charakterisieren!

7. Beschreibe, wie du dich in deinem Körper fühlst.

8. Was sind deine Bedürfnisse in Bezug auf körperliche Zuneigung?

9. Beschreibe eventuelle Sorgen oder Ängste, die du in Bezug auf Sex hast.

10. Beschreibe, wie du dich fühlst, wenn du jemanden berührst oder berührt wirst.

11. Welche Ereignisse und Einstellungen in deiner Vergangenheit haben dein sexuelles Verhalten und deine Haltung zum Sex beeinflusst? Was hast du deinem Partner erzählt? Gibt es etwas, was du deinem Partner vielleicht nicht erzählen willst?

12. Worauf freust du dich im Bezug auf Sex in eurer Ehe?

13. Worüber machst du dir im Bezug auf Sex Sorgen?

14. Empfindest du irgendwelche bestimmten sexuellen Handlungen in der Ehe als unmoralisch? Hast du irgendwelche Bedenken oder Vorbehalte gegenüber Sex?

15. Die Frau sollte als sexueller Partner ...

16. Der Mann sollte als sexueller Partner ...

17. Stimmst du zu oder nicht: Männer lieben es, Frauen zu beobachten. Frauen mögen es normalerweise nicht so gern, Männer zu beobachten.

18. Wie wirst du damit umgehen, falls sich nach deiner Hochzeit eine andere Person zu dir hingezogen fühlt?

19. Was passiert, wenn du dich selbst zu einer anderen Person hingezogen fühlst?

20. Wie wichtig ist Sex für dich? Bewerte auf einer Skala von 1 bis 10.

1	2	3	4	5	6	7	8	9	10

21. Was würde sich in der sexuellen Beziehung eines Ehepaares ändern, wenn sie beide Christ wären?[30]

Lest einmal gemeinsam das folgende Gebet von Harry Hollis und sprecht darüber.

Herr, ich weiß nicht genau, was Sex wirklich ist -
ein Dämon, der dazu da ist, mich zu quälen?
Oder ein Verführer, der mich von der Realität wegbringt?
Es ist keines dieser beiden, Herr.
Ich weiß, was Sex ist -
Sex ist Körper und Geist,
Sex ist Leidenschaft und Zärtlichkeit,
Sex ist feste Umarmung und sanftes Händehalten,
Sex ist offene Nacktheit und geheimnisvolle Verhüllung,
Sex sind Tränen der Freude auf frisch verliebten Gesichtern, und
Sex sind Tränen auf runzligen Gesichtern am Fest der Goldenen Hochzeit.
Sex ist ein stiller Blick durch den Raum,
eine Liebesbotschaft auf dem Kopfkissen,
eine Rose auf dem Frühstücksteller,
Lachen in der Nacht.
Sex ist Leben - nicht das ganze Leben -,
aber es ist eingehüllt in den Sinn des Lebens.
Sex ist ein Geschenk von dir, o Gott,
um das Leben zu bereichern,
um das menschliche Sein fortzusetzen,
um zu kommunizieren,
um mir zu zeigen, wer ich bin,
um mir meinen Partner zu zeigen,
um durch das „Einswerden" geläutert zu werden.
Herr, manche Leute sagen,
dass sich Sex und Religion nicht vermischen lassen;
aber dein Wort sagt, dass Sex eine gute Sache ist.
Hilf mir, dass ich die guten Seiten davon in meinem Leben bewahre.
Hilf mir, dass ich offen bin
und trotzdem das Geheimnis bewahre, das dazu gehört.
Hilf mir, zu sehen, dass Sex
weder Dämonen noch Gottheit ist.
Hilf mir, dass sich meine Gedanken nicht in einer Fantasiewelt bewegen,
und auch nicht bei imaginären Partnern.
Halte mich fest in der realen Welt,
damit ich die Menschen lieben kann, die du geschaffen hast.
Lehre mich, dass meine Seele
Sex in seiner reinsten Form feiern darf.
Vielen Leuten fällt es schwer zu sagen:
„Gott sei Dank gibt es Sex!"

Denn für sie ist Sex eher ein Problem
als ein Geschenk.
Sie müssen die gute Nachricht
über Sex hören.
Zeige mir, wie ich ihnen helfen kann.
Danke, Herr, dass du mich als sexuelles Wesen erschaffen hast.
Danke, dass du mir zeigst, wie ich andere
vertrauens- und liebevoll behandeln kann.
Danke, dass ich mit dir über Sex reden kann.
Danke, dass ich mich frei fühle zu sagen:
„Gott sei Dank gibt es Sex!“[31]

Dieses Kapitel ist nur eine Einführung in das breite Thema Sexualität. Es ist sehr wichtig, dass du vollständig über die physiologischen und die biblischen Fakten im Bezug auf Sex informiert bist. Die meisten Paare erhalten nicht annähernd die Informationen, die sie haben könnten. Überraschenderweise sind Frauen oft besser informiert als Männer. Es gibt viele sehr gute Bücher zu diesem Thema, zum Beispiel „Hautnah“ von Ed und Gaye Wheat (Gerth Medien), „Lust ohne Frust“ von Reinhold Ruthe (R. Kawohl Verlag), „Mehr Spaß im Bett“ von Gary Smalley und Ted Cunningham (SCM Hänssler) oder „Das wünsch ich mir von dir. Entspannt Sex in der Ehe genießen“ von Arthur und Elizabeth Domig (Brunnen Verlag). Eine tiefgehende Auseinandersetzung mit weiblicher Sexualität findet sich in dem Buch „I feel like a woman“ von Sheila Bridge (SCM R. Brockhaus). Für Männer geschrieben wurde der Titel „Lust oder Last“ von Archibald Hart (Gerth Medien, nur noch antiquarisch).

Kapitel 13

Euer gemeinsames geistliches Leben

Geistliche Vertrautheit ist der tiefe innere Wunsch, Gott nahe zu sein und euer Leben seiner Führung anzuvertrauen. Es ist die Bereitschaft, seine Führung gemeinsam zu suchen, euch jeden Tag durch Gottes Wort lehren zu lassen. Es bedeutet, dass ihr euch von Gott helfen lasst, das Unbehagen zu überwinden, das ihr empfindet, wenn ihr über geistliche Dinge sprecht, und lernt, eure Ehe als ein geistliches Abenteuer zu betrachten. Es ist die Bereitschaft, Jesus Christus als Herrn auf den Thron eures Lebens zu setzen und ihn zu bitten, euch in euren Entscheidungen zu leiten – zum Beispiel, wenn ihr vor der Frage steht, welches Haus ihr kaufen sollt oder ob einer von euch den Job wechselt oder welche Schule am besten für die Kinder geeignet ist. Es bedeutet, dass Gott euch beide führt und eure Herzen so verändert, dass ihr euch einig seid. Es bedeutet nicht, dass er nur durch einen von euch spricht.

Herrschaft und Kontrolle

Bei der geistlichen Vertrautheit in der Ehe müssen sich beide Partner der Leitung und Herrschaft Gottes unterordnen, anstatt darum zu wetteifern, wer mehr Kontrolle hat. Ein Schriftsteller schrieb:

„Wir können alle notwendigen Fakten für eine Entscheidung sammeln. Wenn wir jedoch unseren persönlichen Ansichten einen höheren Stellenwert geben, ist es möglich, den Ausgang der Entscheidung dadurch so zu beeinflussen, dass sie zu unseren Gunsten ausfällt. Eventuell verschieben wir die Entscheidung auch auf später und lassen wichtige Informationen so lange ruhen. Aber auch dabei können wir uns unbehaglich fühlen; wir wissen immer noch nicht, was am besten zu tun wäre. Die richtige Entscheidung fällt nicht einfach so vom Himmel.

Wenn wir uns an Jesus wenden und unser Inneres der Führung seines Geistes öffnen, wird uns sowohl Neues als auch Erinnerungen und bereits vergessene Tatsachen wieder einfallen. Ein völlig neues Denkmuster wird entstehen. Dann können wir unbekümmert in eine neue Richtung gehen, die wir zuvor nicht in Betracht gezogen hatten. Wenn wir dann zurückschauen, stellen wir vielleicht fest, dass Gottes Fürsorge uns vor einer Fehlentscheidung bewahrt hat. Der Unterschied zwischen Befreiung und Zerstörung lag in unserem Gehorsam gegenüber Jesus.[32]

Ein Ehepaar sollte dieselben Grundsatzüberzeugungen haben und sich auch einig darüber sein, wer Jesus für sie ist, wenn in ihrer Ehe geistliche Vertrautheit herrschen soll.

Vielleicht unterscheiden sich eure Ansichten zum Ablauf der Entrückung oder zu der Frage, ob Prophetie heute noch relevant ist oder nicht. Einer von euch zieht vielleicht den Besuch zwangloser Gottesdienste vor, während dem anderen förmliche Messen lieber sind. Unter Umständen ist einer von euch Charismatiker, der andere nicht. Trotz dieser Verschiedenheit kann es dennoch eine geistliche Vertrautheit geben.

Wir hören von Ehepaaren, die nicht so recht zusammenpassen, weil der eine Christ ist und der andere nicht. Ihr könnt jedoch auch dann Probleme haben, wenn ihr beide gläubig seid. Nämlich dann, wenn nur einer von euch im Glauben wachsen möchte und auch wächst, der andere das aber nicht möchte und auch nicht tut.[33]

Du kannst deinen Partner zur geistlichen Vertrautheit ermutigen, indem du ihm die Geschichte deines geistlichen Lebens erzählst. Viele Ehepaare wissen zwar, wo ihr Partner momentan steht, aber sie wissen nur wenig darüber, wie es dazu kam.

Nimm die folgenden Fragen, um mehr über den Glauben deines Partners zu erfahren:

1. Was haben deine Eltern über Gott, Jesus, Gemeinde, Gebet und die Bibel gedacht?

2. Was war deine Definition von geistlichem Leben?

3. Welchen Elternteil hast du als geistlich lebendig gesehen?

4. Was genau haben dich beide, direkt oder indirekt, über geistliche Dinge gelehrt?

5. Wo hast du das erste Mal von Gott erfahren? Von Jesus? Vom Heiligen Geist? Wie alt warst du da?

6. Was war deine beste Erfahrung als Kind in der Gemeinde? Als Teenager?

7. Was war deine schlimmste Erfahrung als Kind in der Gemeinde? Als Teenager?

8. Beschreibe, wie du zum Glauben kamst. Wann war das? Wer war dabei? Wo hat es stattgefunden?

9. Wenn möglich, beschreibe deine Taufe. Welche Bedeutung hatte sie für dich?

10. Welcher Gemeinde-Mitarbeiter hat dich am meisten beeinflusst? Wie?

11. Welcher Pastor oder Prediger hat dich am meisten beeinflusst? Wie?

12. Welche Fragen zum Glauben hattest du als Kind / Teenager?
Wer hat dir Antworten gegeben?

13. Gab es eine Freizeit oder eine besondere Veranstaltung, die dich geistlich beeinflusst hat?

14. Hast du als Teenager in der Bibel gelesen?

15. Hast du als Kind oder Teenager irgendwelche Bibelverse auswendig gelernt? Kannst du dich jetzt noch an sie erinnern?

16. Wenn du als Kind die Möglichkeit gehabt hättest, Gott Fragen zu stellen, was hättest du ihn gefragt?

17. Wenn du als Teenager die Möglichkeit gehabt hättest, Gott Fragen zu stellen, was hättest du ihn gefragt?

18. Wenn du Gott heute Fragen stellen könntest, was würdest du ihn fragen?

19. Was hätte dir als Heranwachsender geistlich eine Hilfe sein können? Was hättest du dir gewünscht?

20. Hat dich jemand als Kind geistlich enttäuscht? Wenn ja, welchen Einfluss hatte das auf dich als Erwachsener?

21. Wenn du als Kind oder Teenager eine schwere Zeit erlebt hast, wie hat das deinen Glauben beeinflusst?

22. Was war in deinem Leben die größte geistliche Erfahrung?

23. Wenn du betest, was betest du dann?

24. Möchtest du, dass ihr gemeinsam betet, wenn ihr verheiratet seid? Wenn ja, wie oft? Möchtest du, dass ihr gemeinsam eure Zeit mit Gott haltet oder jeder für sich? Wie oft möchtest du zur Gemeinde gehen? Wie stark soll dein und euer Engagement sein? Wie könnten du und dein Partner Gott gemeinsam dienen?

Es gibt viele gute Andachtsbücher für Paare, zum Beispiel „Stille Zeit zu zweit" von Dennis und Barbara Rainey oder „Ein guter Start zu zweit" von H. Norman Wright (Gerth Medien). Sehr hilfreich ist auch das Buch „Wenn Paare beten" von Jan und David Stoop (Gerth Medien) und „Paarweise – Anregungen aus der Bibel für das Leben zu zweit", Hrsg. Christoph Monsch (Bibellesebund).

Anhang

Gemeinsame Hochzeitsplanung

Heiraten bedeutet, einen Riesenschritt zu machen. So ist es auch mit der Hochzeitsplanung. Dies sollte eine Zeit der Freude sein, in der ihr viel miteinander lacht und in der Familienmitglieder zueinander geführt werden.

Allzu oft ist das nicht der Fall. Konflikte können entstehen zwischen der Braut und dem Bräutigam und/oder zwischen dem Paar und seinen Eltern. Denkt immer daran, dass alles, was an einem Hochzeitstag schief gehen kann, auch wirklich passieren könnte. Geht also mit folgender Einstellung an eure Hochzeit heran: „Irgendetwas wird wahrscheinlich schief gehen, aber das ist in Ordnung. Es wird nicht das Ende der Welt sein. Wenn wirklich etwas schief geht, werden wir es wieder in Ordnung bringen und zu Plan B übergehen. Wir können das hinkriegen. Es wird einfach nur darin enden, dass wir unseren Hochzeitstag ganz anders in Erinnerung behalten."

Bleibt vor allem humorvoll und seid bereit, den Tag so anzunehmen, wie er kommt.

Vervollständigt folgende Sätze als Hilfe für eure Hochzeitsplanung:

1. Ich wünsche mir für unsere Hochzeit ...

2. Mein Partner wünscht sich für unsere Hochzeit ...

3. Meine Mutter wünscht sich für unsere Hochzeit ...

4. Mein Vater wünscht sich für unsere Hochzeit ...

Vervollständige die folgenden Aussagen und sprich mit deinem Partner darüber.

5. Unsere Hochzeit wird stattfinden in ...

6. Der Grund, warum dieser Ort ausgesucht wurde, ist ...

7. Die Person, die am meisten bei der Planung der Hochzeit hilft, ist ...

8. Ich finde das ...

9. An unserer Hochzeit wünsche ich mir ...

10. Ich wünschte, an unserer Hochzeit könnte Folgendes geändert werden:

11. Ich wünschte, mein Partner würde *mehr / weniger* bei der Planung unserer Hochzeit helfen.

12. Die Person, die vermutlich am aufgeregtesten wegen unserer Hochzeit sein wird, ist ...

    Der Grund dafür ist ...

13. Mit folgender Person haben wir die größten Schwierigkeiten wegen unserer Hochzeit ...

14. Ich möchte, dass die Leute, die zu unserer Hochzeit kommen, sich folgendermaßen daran beteiligen:

15. Ich möchte, dass die Leute, die zu unserer Hochzeit kommen, sich auf folgende Weise an diesen Tag erinnern und von der Hochzeit beeinflusst werden:

16. Ich möchte, dass Jesus bei unserer Hochzeit folgendermaßen repräsentiert und geehrt wird:

Ein Hochzeitssegen

Möge eure Ehe euch die ganze Erfüllung bringen, die eine Ehe bringen kann, und möge der Herr euch Geduld, Toleranz und Verständnis geben. Möge eure Ehe voller Freude und Lachen sein und euch Trost und Hilfe bringen. Möget ihr die wahre Tiefe der Liebe entdecken, indem ihr euch gegenseitig liebt.

Denkt daran, dass jede Last leichter zu tragen ist, wenn sie nicht nur von einem, sondern von den Schultern zweier Menschen getragen wird. Wenn ihr schwach und entmutigt seid, schaut auf Jesus, der euch erfrischt und stärkt.

Möget ihr euch immer gegenseitig brauchen - nicht so sehr, um eure Leere zu füllen, sondern, um euch zu ergänzen. Möget ihr euch immer gegenseitig brauchen, aber nicht aus Schwachheit. Erfreut euch an der Einzigartigkeit des anderen, denn Gott ist der Schöpfer von Mann und Frau und von der Verschiedenheit der Persönlichkeiten.

Seid euch in Gedanken und Taten treu, und seid vor allem Jesus treu. Betrachtet euer Ehebett als Altar der Gnade und der Freude. Möget ihr bei jedem Gespräch daran denken, dass ihr zu einer Person sprecht, von der Gott sagt: „Du bist etwas ganz Besonderes."

Betrachte und behandle deinen Partner als einen Menschen, der nach dem Bild Gottes geschaffen ist. Versuch nicht, deinen Partner gefangen zu halten, sondern gib ihm die Freiheit, so zu werden, wie Gott ihn meint. Möget ihr euch umarmen, aber nicht gegenseitig einengen.

Möge Gott euern Geist erneuern, damit ihr danach trachtet, das Beste im anderen ans Licht zu bringen. Sucht nach Dingen, die ihr loben könnt, nehmt euch niemals als selbstverständlich. Sagt oft „Ich liebe dich" und überseht kleine Fehler. Bestätigt einander, dient einander, und glaubt an euren Partner. Wenn Unterschiede bei euch vorhanden sind, die euch auseinander treiben, mögt ihr beide mutig genug sein, um den ersten Schritt zurück zu gehen. Mögen die Worte „Du hast Recht", „Vergib mir" und „Ich vergebe dir!" schnell zur Hand sein.

Danke, Himmlischer Vater, für deine Gegenwart und für deinen Segen für diese Ehe.

In Jesu Namen,
Amen

Quellenhinweise

[1] Sydney Smith, *Lady Holland's Memoirs*, Vol. I (London: Longman, Brown, Green & Longman, 1855)
[2] David Augsburger, *Cherishable: Love and Marriage* (Cottdale, PA: Herald Press, 1971), p.16
[3] From Elton Trueblood. Source unknown.
[4] Daniel Freeman, „Why Get Married?“ *Theology News and Notes of Fuller Theological Seminary*, 1973 (December 1973, 19:4), p. 17
[5] From a message by Dr. David Hubbard, President of Fuller Theological Seminary.
[6] David Augsburger, *Sustaining Love* (Ventura, CA: Regal Books, 1988), p. 40
[7] Ira J. Tanner, *Loneliness: The Fear of Love* (New York: Harper & Row, 1973), pp. 92, 93
[8] H. Norman Wright, *Secrets of a Lasting Marriage* (Ventura, CA: Regal Books, 1995), p. 128, adapted.
[9] Abraham Schmitt, *Conflict and Ecstacy – Model for a Maturing Marriage*. From an original paper by the author.
[10] James G.T. Fairfield, *Wen You Don't Agree: A Guide to Resolving Marriage and Family Conflict* (Scottdale, PA: Herald Press, 1977), p.195.
[11] Augsburger, *Sustaining Love*, pp. 54–56.
[12] Mel Krantzer, *Creative Marriage* (New York: McGraw Hill, 1988), p. 54.
[13] Paul Welter, *Family Problems and Predicaments* (Wheaton, IL: Tyndale House, 1977), p. 101.
[14] George Barna, *The Power of Vision* (Ventura, CA: Regal Books, 1992), pp. 28 ff., adapted.
[15] Ibid., pp. 98–99, adapted.
[16] H. Norman Wright, *Secrets of a Lasting Marriage* (Ventura, CA: Regal Books, 1995), p. 72.
[17] Ibid., p. 75

[18] Dwight H. Small, *Christian: Celebrate Your Sexuality* (Old Tappan, NJ: Revell, 1974), p. 144.
[19] Dennis Guernsey, *Thoroughly Married* (Waco, TX: Word Books, 1976), p. 70
[20] James Olthuis, *I Pledge Thee My Troth* (New York: Harper & Row, 1975), p. 27.
[21] Reuel Howe, *Herein Is Love* (Valley Forge, PA: Judson Press, 1961), p. 100
[22] David and Vera Mace, *We Can Have Better Marriages If We Really Want Them* (Nashville: Abingdon Press, 1974).
[23] Albert Metowbian, *Silent Messages* (Belmont, CA: Wadsworth Publishing Company, 1971), pp. 42–44.
[24] Adapted from John Powell, *Why Am I Afraid to Tell You Who I Am?* (Niles IL: Argus Communications, 1969), pp. 54–62)
[25] Ross Campbell, *How to Really Love Your Child* (Wheaton, IL: Victor Books, 1977), p. 20
[26] Paul Tournier, *To Understand Each Other* (Richmond, VA: John Knox Press, 1967)
[27] James Fairfield, *When You Don't Agree* (Herald Press), pp. 33,34,231.
[28] Busby, Barber & Temple, *The Christian's Guide to Worry-Free Money Management* (Grand Rapids, MI: Zondervan, 1994).
[29] Some questions taken from: Busby, Barber & Temple, *The Christian's Guide*.
[30] Some questions taken from : *Preparing for Marriage* (Augsburg Fortress, 1992).
[31] Harry Hollis, Jr., *Thank God for Sex* (Nashville: Broadman Press, 1975), pp. 11–12.
[32] Howard and Jeanne Hendricks, general editors, with La Vonne Neff, *Husbands and Wives* (Wheaton IL: Victor Books, 1988), p. 158.
[33] Donald R. Harvey, *The Spiritually Intimate Marriage* (Grand Rapids, MI: Fleming H. Revell, 1991), p. 24.